Diseñadas a Su imagen

*Cómo Cristo restaura la belleza
de Su imagen en la mujer*

JAVIER DOMÍNGUEZ • MIGUEL NÚÑEZ
SUGEL MICHELÉN • GERALDINA DE DOMÍNGUEZ
CATHERINE SCHERALDI DE NÚÑEZ

Prólogo y edición general por Miguel Núñez

Diseñadas a Su imagen

*Cómo Cristo restaura la belleza
de Su imagen en la mujer*

JAVIER DOMÍNGUEZ • MIGUEL NÚÑEZ
SUGEL MICHELÉN • GERALDINA DE DOMÍNGUEZ
CATHERINE SCHERALDI DE NÚÑEZ

Prólogo y edición general por Miguel Núñez

Vida

La misión de Editorial Vida es ser la compañía líder en satisfacer las necesidades de las personas con recursos cuyo contenido glorifique al Señor Jesucristo y promueva principios bíblicos.

Diseñadas a Su imagen: Cómo Cristo restaura la belleza de Su imagen en la mujer
Publicado por Editorial Vida – 2025
501 Nelson Place, Nashville, Tennessee, 37214, Estados Unidos de América.
Editorial Vida es un sello de HarperCollins Christian Publishing, Inc.

© 2025 Iglesia Evangélica Gracia Sobre Gracia

Contribuciones de *Javier Domínguez, Miguel Núñez, Sugel Michelén, Geraldina de Domínguez y Catherine Scheraldi de Núñez*
Editor general: *Miguel Núñez*
Prólogo: *Miguel Núñez*

Este título también está disponible en formato electrónico.
Todos los derechos reservados.

Prohibida su reproducción o distribución.

Todos los derechos reservados. Ninguna porción de este libro podrá ser reproducida, almacenada en ningún sistema de recuperación, o transmitida en cualquier forma o por cualquier medio —mecánicos, fotocopias, grabación u otro—, excepto por citas breves en revistas impresas, sin la autorización previa por escrito de la editorial.

Queda expresamente prohibido todo uso no autorizado de esta publicación para entrenar cualquier tecnología de inteligencia artificial (IA) generativa, sin limitación a los derechos exclusivos de cualquier autor, colaborador o editor de esta publicación. HarperCollins también ejerce sus derechos bajo el Artículo 4(3) de la Directiva 2019/790 del Mercado Único Digital y excluye esta publicación de la excepción de minería de textos y datos.

HarperCollins Publishers, Macken House, 39/40 Mayor Street Upper, Dublin 1, D01 C9W8, Ireland (https://www.harpercollins.com)

A menos que se indique lo contrario, todas las citas bíblicas han sido tomadas de La Santa Biblia, Nueva Biblia de las Américas © 2005 por The Lockman Foundation. Usada con permiso, www.NuevaBiblia.com.

Las citas bíblicas marcadas «RVR1960» han sido tomadas de la Santa Biblia, Versión Reina-Valera 1960 © 1960 por Sociedades Bíblicas en América Latina, © renovada 1988 por Sociedades Bíblicas Unidas. Usada con permiso. Reina-Valera 1960˚ es una marca registrada de la American Bible Society y puede ser usada solamente bajo licencia.

Los enlaces de la Internet (sitios web, blog, etc.) y números de teléfono en este libro se ofrecen solo como un recurso. De ninguna manera representan ni implican aprobación o apoyo de parte de Editorial Vida, ni responde la editorial por el contenido de estos sitios web ni números durante la vida de este libro.

Edición y diseño interior: *Grupo Scribere*

Diseño de cubierta: *Mauricio Diaz*

ISBN:	978-0-82977-4-702
eBook:	978-0-82977-471-9
Audio:	978-0-82977-472-6

La información sobre la clasificación de la Biblioteca del Congreso estará disponible previa solicitud.

CATEGORÍA: Religión / Vida Cristiana / Crecimiento espiritual

IMPRESO EN ESTADOS UNIDOS DE AMÉRICA
PRINTED IN THE UNITED STATES OF AMERICA

25 26 27 28 29 LBC 5 4 3 2 1

CONTENIDO

Prólogo vii

Introducción xiii

1. Creadas a Su imagen:
   Reflejando la gloria y la belleza del Creador 1

2. Mujer, diseño de Dios:
   La majestuosidad de Dios en la esencia femenina ... 27

3. Del huerto al caos:
   El lamento de la creación ante la rebelión femenina . . 47

4. Llanto en el Edén:
   Entendamos el sufrimiento de la mujer 75

5. Heridas,
   pero no olvidadas 103

6. Cristo, imagen perfecta:
   El restaurador del reflejo divino en la mujer 125

7. Santificadas en Su amor:
   La belleza restaurada de la mujer en Cristo 153

8. Glorificadas a Su imagen:
   Una esperanza de transformación celestial 181

Notas 203

Acerca de los autores............................... 205

PRÓLOGO

Miguel Núñez

El libro que tienes en tus manos representa la reflexión colectiva de tres pastores junto a dos de sus esposas. Las enseñanzas fueron presentadas inicialmente a cientos de mujeres convocadas a una conferencia centrada en la imagen de Dios reflejada en la mujer. Las ideas allí expuestas se revisaron posteriormente para ser plasmadas por escrito, entendiendo que los mensajes que se predicaron o que se enseñaron suelen tener una vida muy efímera.

Respecto a la mujer en la actualidad, encontramos dos polos opuestos: por un lado, vemos la opresión, e incluso el abuso, que con frecuencia se comete contra el sexo femenino por ser el vaso más frágil, como lo describe el apóstol Pedro (1 P 3:7); por el otro, observamos un feminismo militante provocado por el machismo tóxico presente en muchas culturas y por el vacío de liderazgo espiritual que muchos hombres han dejado.

Con eso en mente, el pastor Javier Domínguez presenta primero cómo la imagen de Dios en la mujer refleja la gloria y la belleza del Creador, seguido de un capítulo escrito por su esposa, Geraldina, quien nos habla de cómo la mujer, en su diseño, refleja la grandeza y la majestad de Dios.

El pastor Sugel Michelén nos explica cómo pasamos de un huerto con un diseño perfecto al caos, hasta el punto de que toda la creación ahora gime con dolores de parto, todo porque la primera mujer mordió lo que no debía y su esposo mordió del fruto que ella le ofreció, abdicando así su liderazgo al no impedir la conversación con la serpiente y seguir la conducta rebelde de su esposa.

Llanto en el Edén es el título del primero de los dos capítulos que me tocó escribir. Este capítulo presenta las consecuencias devastadoras de la caída sobre la mujer, quien fue subestimada a lo largo de toda la historia del Antiguo Testamento, hasta llegar a ser abusada en múltiples formas. La primera noche después de la caída debió haber estado llena de llanto en el Edén. El siguiente capítulo, desarrollado por mi esposa, Catherine (Cathy), habla detalladamente de cómo, a pesar de la gravedad de la herida sufrida por la mujer, Dios nunca se ha olvidado de ella y siempre la ha concebido como la ayuda idónea de su marido. De hecho, la mujer sigue siendo una ayuda idónea para el sexo opuesto en los diferentes roles que le toca asumir en la sociedad, aunque su idoneidad en estos casos difiera del propósito original de Dios dentro del contexto del matrimonio.

Los demás capítulos están dedicados a mostrar cómo Cristo es el Restaurador de la imagen de Dios que fue dañada en un solo día, con una sola decisión de rebeldía, en una jornada que transcurría de forma tan natural como las demás. Esta idea se amplía para demostrar que, a través del proceso de santificación, la imagen de Cristo dañada en el Edén puede ser restaurada paulatinamente en la medida en que el Espíritu de Dios santifica a la mujer.

El último capítulo busca despertar esperanza en la mujer que espera su redención final. No hay duda de que la historia actual es dolorosa para toda la creación. Sin embargo, si miramos el futuro a través de los lentes de Cristo, veremos cómo todos, incluida la mujer, ganamos más en Cristo de lo que perdimos en Adán. Las aflicciones de este mundo son «leves y pasajeras», usando el lenguaje de Pablo, cuando se comparan con la gloria venidera. La mujer necesita enfocar su mirada no en las consecuencias del pasado, sino en las promesas de Dios y su cumplimiento futuro.

La Iglesia de hoy tiene una enorme responsabilidad en medio de la sociedad en que vivimos, pues debe cumplir varias tareas simultáneamente:

1. Levantar la dignidad de la imagen de Dios en la mujer hasta el punto de que cambie radicalmente la manera en que el sexo opuesto se relaciona con ella.
2. Ayudar a la mujer para que pueda ver por sí misma el valor y la dignidad que posee ante Dios, y así elevar el respeto por sí misma, evitando exhibir su cuerpo y llenar el vacío que quedó al buscar a un compañero que, al igual que ella, ha caído y no puede darle lo que solo puede encontrar en Cristo.

3. Combatir el feminismo militante al que aludimos anteriormente, que desvaloriza la imagen del hombre y el rol que Dios le asignó en la creación.

Lo expuesto en este libro no pretende ser un tratado exhaustivo sobre el tema; queda mucho por decir repetidamente para que cale en el corazón de toda la sociedad. No nos cansemos de proclamar la verdad, escuchen o dejen de escuchar (Ez 2:5-7); no nos rindamos ante la agresividad de muchas ni la pasividad de muchos y no nos desanimemos con el avance de la revolución sexual de nuestros días.

Recordemos que el mundo cambia una persona a la vez y que Dios no nos dejó aquí para registrar la historia, sino para cambiarla. Cobra ánimo, porque en Cristo tenemos Sus promesas y en el evangelio tenemos Su poder. Finalmente, recuerda que «… Si Dios *está* por nosotros, ¿quién *estará* contra nosotros?» (Ro 8:31). ¡Nada me anima más que saber que si Dios está con nosotros, no importa quién no lo esté!

Dr. Miguel Núñez
Santo Domingo, RD.
4 de agosto de 2025

INTRODUCCIÓN

Javier Domínguez

Hace unos años, en medio de una sesión de consejería, una hermana en Cristo, con lágrimas en los ojos, me dijo: «Pastor, llevo años sirviendo en mi iglesia, criando a mis hijos, trabajando duro, pero cada noche me acuesto con una pregunta que no me deja en paz: ¿quién soy realmente? Sé que soy hija de Dios… pero ¿por qué me siento tan vacía?».

Sus palabras se quedaron conmigo como un recuerdo que no se desvanecía. Porque, aunque fue su voz la que escuché, en realidad ella estaba articulando el clamor silencioso de miles de mujeres. Mujeres creyentes que aman al Señor, pero que viven desgarradas entre lo que el mundo les exige ser, lo que la cultura celebra y lo que el evangelio declara. Mujeres que han sido heridas, traicionadas, maltratadas o simplemente ignoradas, incluso dentro del cuerpo de Cristo. Mujeres que, a pesar de todo, siguen preguntándose: *¿Qué significa ser mujer a la luz del evangelio? ¿Dónde está mi verdadero valor? ¿Cómo puedo sanar esta imagen rota dentro de mí?*

Este libro es para ellas. Y es para ti.

En estas páginas queremos invitarte a emprender un viaje profundo, bíblico y transformador. No es un viaje hacia el empoderamiento vacío, típico de los eslóganes modernos, ni una huida nostálgica hacia roles idealizados. Es un viaje hacia el corazón mismo de Dios. Porque solo cuando nos contemplamos en el espejo de Su Palabra podemos ver con claridad quiénes somos, por qué fuimos creados, qué nos ocurrió en la caída y cómo Cristo representa la restauración de la imagen inicial.

Hemos estructurado este libro como con miras a la redención después de una terrible caída. Iniciamos en el huerto del Edén, donde la mujer fue creada a imagen de Dios, portadora de gloria, diseñada para reflejar la belleza del Creador en su esencia, forma y misión (capítulos 1 y 2). Luego descendemos al dolor de la caída, donde esa imagen fue fracturada (capítulo 3) y recorremos el sendero de las heridas, del abuso, del abandono y del pecado que distorsionó la feminidad (capítulos 4 y 5). Pero no nos quedamos allí. Porque en Cristo, la imagen es restaurada. Él es el segundo Adán, la imagen perfecta, el restaurador divino (capítulo 6). Y por Su gracia, la mujer no solo es perdonada, sino también santificada y glorificada (capítulo 7) hasta que un día resplandezca como el sol en el reino de Su Padre (capítulo 8).

Como verás, cada capítulo ha sido escrito con una combinación de rigor doctrinal, compasión pastoral y esperanza celestial. Aquí encontrarás una enseñanza sólida sobre la *Imago Dei*, la dignidad eterna de la mujer, el rol hermoso del diseño bíblico, el consuelo en medio del sufrimiento y la esperanza segura de la redención final. Escucharás voces distintas, pero unidas por una sola verdad: que Cristo es suficiente para sanar, restaurar y embellecer el alma de toda mujer que acude a Él.

¿Por qué escribimos este libro? Porque la mujer es una joya preciosa en el diseño de Dios. Porque en una época donde la identidad se diluye en ideologías, queremos anclar tu alma en la verdad inmutable de las Escrituras. Porque no creemos que Dios se equivocó al crearte. Porque deseamos que puedas abrazar tu llamado, sanar tus heridas y caminar con esperanza hacia la gloria que te espera.

A ti, querida lectora, te invito a sumergirte con humildad y expectación en estas páginas. Ven con tus preguntas, tus temores, tus cicatrices... pero también con tu fe, aunque sea pequeña. No prometemos respuestas fáciles, pero sí promesas seguras. Porque donde abundó el pecado, sobreabundó la gracia (Ro 5:20). Y donde hubo quebranto, ahora hay redención posible.

Este no es un libro solo para estudiar. Es un libro para meditar en su mensaje, encontrar consuelo, orar, rendirse y ser restaurada. Es un espejo, sí, pero también un mapa. Y su destino final es glorioso: que puedas verte a ti misma como Dios te ve en Cristo, y que, al hacerlo, vivas para reflejar Su belleza en este mundo quebrado.

A Dios sea la gloria, en la mujer redimida.

Javier Domínguez

1

CREADAS A SU IMAGEN:

Reflejando la gloria y la belleza del Creador

Javier Domínguez

Veinticuatro dólares con treinta y siete centavos, ese era el valor de un ser humano para la ciencia en 1950. Una profesora de biología tomó los elementos químicos del cuerpo humano, les asignó un valor de mercado y concluyó que el valor total era ese. En la actualidad, ese valor asciende a tres mil setecientos dólares.

Estos datos sobre el valor de un ser humano son anecdóticos, estimaciones científicas, pero cuando se le asigna precio a un ser humano en la vida real, resulta doloroso e irracional. Se cuenta que un padre llamado Tahudín Ali, en Bangladesh, atravesaba un período de hambre desesperante. En medio de esa crisis, llevó a su hija de dos años al mercado de su ciudad para cambiarla por un saco de arroz. Afortunadamente, el intercambio no ocurrió y Alí fue enviado a la cárcel. Cuando le preguntaron por qué lo había hecho, respondió que su propia vida tenía mucho más valor que la vida de su hija.

Estos datos e historias solo son un reflejo de la crisis de identidad y de sentido de la vida humana que enfrentamos en nuestros días. Para entender mejor por qué hablamos de una crisis es importante ir a la etimología de esa palabra. La palabra *krisis* en latín significa *separado* o *dividido*; se dice de aquello que está separado de su origen y que, para salir de esa crisis, tiene que volver a su estado original.

En nuestro mundo actual vemos numerosas evidencias de esta crisis. Quiero ilustrarlo con una frase anónima que recientemente leí en una revista: «Soy la esposa de Jaime, soy vendedora en una tienda, soy mesera en un restaurante por las noches, soy la taxista de mis hijos para llevarlos al colegio... pero ¿quién soy como mujer? No lo sé».

¿Te has preguntado qué significa ser mujer? ¿En qué consiste tu valor, identidad y dignidad? Veamos algunas respuestas que encontramos en nuestra sociedad. Algunos dirán que tu identidad y valor están en lo que posees: popularidad y logros académicos, laborales o económicos. Por ejemplo, hoy en día se considera más valiosa a una mujer profesional que a un ama de casa, bajo la premisa de que el ama de casa no aporta valor económico a su hogar. Para otros, su identidad y valor consisten en llegar a «ser lo que sientes», bajo frases como: «Eres lo que sientes»; «Encontrarás tu valor al liberarte a ti misma y al ser lo que sientes». Otros dicen que tu valor está en lo que haces, en tu utilidad: «Eres lo que haces»; «Mientras más útil seas en la sociedad más valor tienes». De hecho, este pensamiento es lo que sustenta los últimos cambios de ley en algunos países para legalizar el suicidio asistido, la eutanasia y el aborto. Lamentablemente, estos pensamientos también han permeado en la iglesia. Es triste ver cómo muchas esposas de pastores, al enviudar, son rechazadas por sus mismas iglesias locales, porque «ya no son útiles». Para otros, el valor, la dignidad y lo que define a la mujer está en el empoderamiento, en su igualdad o superioridad sobre los hombres.

Estas y otras muchas ideas que vemos y escuchamos a diario, evidencian una crisis de identidad en la mujer. Esto es grave, porque cuando no sabemos quiénes somos y no conocemos nuestro valor, terminamos dañando a otros o siendo dañados por otros.

NECESITAMOS VOLVER AL ORIGEN

Para salir de esta crisis y poder conocer tu valor e identidad como mujer, tenemos que volver al origen, y si hay un libro en la Biblia donde podemos encontrar el origen de todo es Génesis:

> Y dijo Dios: «Hagamos al hombre a Nuestra imagen, conforme a Nuestra semejanza; y ejerza dominio sobre los peces del mar, sobre las aves del cielo, sobre los ganados, sobre toda la tierra, y sobre todo reptil que se arrastra sobre la tierra». Dios creó al hombre a imagen Suya, a imagen de Dios lo creó; varón y hembra los creó. Dios

los bendijo y les dijo: «Sean fecundos y multiplíquense. Llenen la tierra y sométanla. Ejerzan dominio sobre los peces del mar, sobre las aves del cielo y sobre todo ser viviente que se mueve sobre la tierra» (Gn 1:26-28).

Este texto nos revela una verdad contundente: tanto los hombres como las mujeres hemos sido creados como portadores de la *Imago Dei* (expresión en latín que significa «imagen de Dios»), que se refiere a que Dios nos creó para que lo reflejemos y representemos en el mundo. Es ahí donde reside nuestro valor y dignidad.

La mujer, como el hombre, fue creada con una dignidad que no proviene de sus obras, sino de su origen. No brota de su productividad, belleza física ni estatus social, sino del hecho sublime de que fue formada por Dios y para Dios, como espejo de Su gloria. Por tanto, la dignidad de la mujer no consiste en la excelencia de su cuerpo, sino en la imagen de Dios impresa en su alma.

Antes de avanzar quiero llevarte a conocer el contexto en el que esta porción de Génesis fue escrita y conocida por el pueblo de Israel. No se sabe la fecha exacta en la que Moisés, bajo la inspiración del Espíritu Santo, escribió Génesis; probablemente lo hizo durante los 40 años que estuvieron en el desierto. En ese momento, el pueblo de Israel ya había tenido un encuentro con Dios en el monte Sinaí y ya vivían bajo el pacto de Dios, pero estaban atravesando una profunda crisis de identidad y seguridad ante los enemigos que enfrentaban, y las creencias y costumbres de todas las naciones que los rodeaban.

En ese contexto, lo primero que Dios les enseña es que fueron creados a Su imagen y semejanza. En otras palabras, la respuesta de Dios a las preguntas existenciales del pueblo hebreo en aquel entonces fue hacerles entender que su valor, seguridad y significado estaban ligados completamente a la imagen de Dios en ellos.

De la misma manera hoy, ante la crisis de identidad, valor y propósito de la mujer, quiero guiarte a través de la Escritura para que conozcas y creas que eres valiosa e importante para Dios, porque has sido creada a Su imagen y eres portadora de ella.

¿QUÉ SIGNIFICA QUE FUISTE CREADA A IMAGEN Y SEMEJANZA DE DIOS?

Para entender esto hay dos palabras clave: reflexión y representación. Esto significa que, a diferencia de los animales y las plantas, tú fuiste creada tanto para reflejar el carácter de Dios ante el mundo como para representarlo junto con Adán; para que los demás, al ver tu carácter y tus obras, puedan imaginar cómo es Dios.

1. Fuiste creada como un reflejo de la gloria de Dios.

Dios te creó como un espejo para reflejar Su gloria en el mundo, para reflejar a través de tu vida Su bondad, Su amor, Su gracia, Su santidad y Su compasión; es decir, reflejar tanto Su carácter como Sus obras, de manera que al hacerlo el mundo pueda llenarse de vida y florecer para la gloria de nuestro Señor. Como dijo Jesús: «Así brille la luz de ustedes delante de los hombres, para que vean sus buenas acciones y glorifiquen a su Padre que está en los cielos» (Mt 5:16).

Fuiste creada como la imagen de Dios en el mundo para reflejar Sus atributos comunicables. Él te creó como un inmenso lienzo en el cual pinta Su gloriosa imagen para que todo aquel que se acerque a ti piense en Dios, tenga sed de Dios y desee a Dios. Como dijo el gran teólogo holandés Herman Bavinck: «Toda la creación es un gran espejo de los atributos y perfecciones de Dios... pero solo una de Sus criaturas es Su imagen, y es el ser humano».[1] Esto significa que la imagen de Dios resplandece en ti cuando tu alma se adorna con verdadera sabiduría, justicia y santidad.

Ahora bien, es mediante el verdadero conocimiento de Dios que te vas transformando de tal manera que comienzas a reflejar la belleza de Su santidad. Y aquí es donde la mujer, en su singularidad, brilla como un prisma. Su ternura puede reflejar la compasión divina, su firmeza, la fidelidad del Señor; mientras que su paciencia refleja la longanimidad de Dios. La mujer no necesita lograr grandes proezas para reflejar a su

Creador: basta con que, en los pequeños actos de obediencia cotidiana, se deje moldear por Su carácter.

Reflejas a Dios al depender de Él. En una sociedad que idolatra la independencia, tu dependencia de Dios en oración, fe y esperanza, así como tu satisfacción en Cristo al estar soltera o casada, proclama al mundo que Dios es suficiente.

Reflejas a Dios en tu pureza. Tu castidad no es una regla impuesta, no es una carga, ni un viejo estigma religioso, sino un verdadero reflejo del Dios Santo que habita en ti. Como dice Pedro, tu conducta casta y respetuosa puede llevar a otros a glorificar a Dios (1 P 3:1-2).

También reflejas a Dios por medio de tu servicio. Cada vez que sirves a otros, ya sea en un ministerio de tu iglesia local, en tu hogar (a tus padres, esposo e hijos) o en tu comunidad, viviendo conforme al orden de Dios, estás reflejando a Jesucristo como Aquel que vino a servir y no a ser servido.

Así que, en primer lugar, ser creada a imagen de Dios significa que fuiste creada para reflejar Su gloria. Eres portadora de la imagen del Altísimo. Estás llamada a ser un espejo, no opaco ni distorsionado, sino limpio y pulido por la Palabra y el Espíritu, para que otros al mirarte no se fijen en ti, sino que vean al Dios que habita en ti.

2. Fuiste creada para representar a Dios en la tierra.

En segundo lugar, ser creada a imagen de Dios significa que Él puso Su imagen en ti para que lo representes en todo lo que haces. Dios te ha dado una misión que cumplir, un triple oficio que vemos desde Génesis y luego en diversos pasajes de la Escritura, el llamado a ser: reyes, sacerdotes y profetas.

El mandato a ser reyes

Hombres y mujeres fuimos creados a imagen y semejanza de Dios para enseñorearnos de la creación. Es decir, Dios, como Rey y Creador, puso Su imagen en la creación para que seamos sus viceregentes y ejerzamos una función de reinado en Su nombre:

> Y dijo Dios: «Hagamos al hombre a Nuestra imagen, conforme a Nuestra semejanza; y ejerza dominio sobre los peces del mar, sobre las aves del cielo, sobre los ganados, sobre toda la tierra, y sobre todo reptil que se arrastra sobre la tierra» (Gn 1:26).

Más adelante, en el capítulo 2 de Génesis, Dios da instrucciones al hombre para ejercer ese gobierno. Sin embargo, fue cuando Dios encarnó en Jesucristo que nos modeló Sus funciones como Rey de reyes y Señor de señores (Ap 19:16). Básicamente Sus funciones como Rey se pueden resumir en dos: un reinado de poder y de gracia.

El reinado de poder de Jesucristo se refiere al dominio y la autoridad universales que el Padre le otorgó con el propósito de salvar a Sus escogidos (Jn 17:1-2), y ser el mediador de Su plenitud en ellos (Col 2:10). Esta función tiene un carácter de conquista: rescatar a los cautivos de Satanás y dirigirlos en la lucha diaria por la verdad.

El reinado de gracia de Jesucristo se refiere a que, por medio de Su gracia, no solo vence el pecado en nosotros, sino que también nos edifica en justicia. Es decir que no solo derriba el reino del pecado y la muerte en nuestra vida, sino que, al mismo tiempo, construye en nosotros Su reino de justicia (Ro 5:21). Por este reinado de gracia, ahora somos templo del Espíritu Santo y llevamos cada día los frutos de Su santidad.

Todo lo anterior implica que tú fuiste creada, al igual que Adán, para ejercer una función de reinado en nombre de Dios sobre Su creación. Por tanto, estás llamada a cuidar tu «huerto», tu «jardín», tu «templo», es decir, tu hogar. Cuando contemplamos a la mujer de Proverbios 31 vemos que ella desempeñaba funciones reales, comenzando por el cuidado de su casa. No malgastaba los recursos del hogar en frivolidades, no manchaba la reputación de su esposo, no hería el alma de su familia ni levantaba falsas acusaciones; entendía que su papel era el de una reina en su propio reino. Usaba su libertad del pecado para edificar, trataba a su esposo y a sus hijos con gracia y velaba por su bienestar físico y espiritual.

Además, ella también ejercía su reinado cuidando su propia alma. Temía a Dios, es decir, vivía asombrada por Su gloria, como toda hija de Dios. Ese temor reverente la impulsaba a huir de las tentaciones y a vencer sus propios pecados, al mundo y a Satanás, por medio de la gracia de Dios y Su Palabra. Su profunda admiración por la majestad divina la llevaba a reconocer su pequeñez y, con ello, su necesidad diaria de depender de la gracia santificadora de Dios.

Hoy sucede igual contigo. Tú ejerces tu llamado a reinar cuando, en Cristo, luchas contra tus pecados particulares, contra tus dudas, tus angustias y tus batallas internas. Reinas cuando, con sabiduría, huyes de la tentación. Reinas cuando sujetas tus pensamientos, emociones y corazón a la autoridad de las Sagradas Escrituras. Reinas cuando traes tus debilidades, fallos, luchas y tristezas a la cruz para recibir del Rey de reyes el oportuno socorro.

Tú fuiste creada a imagen de Dios para que participes de esta realeza ejerciendo cuidado y protección sobre tu hogar y sobre ti misma, con miras a llevar una vida que glorifique a Dios.

El mandato a ser sacerdotes

Hombres y mujeres fuimos creados a imagen y semejanza de Dios para ejercer también un rol sacerdotal en la tierra. El huerto del Edén no fue solo un lugar físico de deleite, sino un santuario: el lugar de la presencia especial de Dios, donde el ser humano vivía en comunión con Él. Esta es la razón por la cual toda la imaginería del tabernáculo de Moisés y del templo de

Salomón evoca al Edén. Las mismas palabras que Dios usó para encomendar a Adán la tarea de «cultivar» y «proteger» el huerto son utilizadas más adelante para describir el ministerio sacerdotal (Nm 3:7-8; 8:26; 18:5-6). Por esto, también vemos que en Apocalipsis 21 el nuevo cielo y la nueva tierra se describen como una ciudad-templo-huerto.

Básicamente, un sacerdote es alguien llamado por Dios para ofrecer sacrificios en nombre de otros (He 5:1-4). En el Antiguo Testamento, su propósito era proteger al pueblo de Israel de la ira de Dios (Nm 8:19). Sin embargo, es en Jesús donde vemos las tres características principales del sacerdocio: 1) hacer expiación por el pueblo: Él dio Su vida por nosotros para satisfacer la ira de Dios a causa de nuestros pecados; para reconciliarnos con Dios al liberarnos de nuestra esclavitud y condenación; 2) interceder ante Dios por el pueblo ya perdonado como nuestro representante, y 3) invocar la bendición de la gracia y la paz de Dios sobre el pueblo.

Ahora bien, cuando Cristo te salvó, no solo te constituyó como parte de Su realeza, sino también como un sacerdote real (1 P 2:9). Por tanto, fuiste creada para adorar a Dios, para que puedas servirlo y consagrarte a Él, y que puedas hacerlo de forma personal como comunitaria.

Este llamado sacerdotal se manifiesta, en la práctica, al edificar tu hogar por medio de una vida piadosa: honrando a tu esposo, apoyando su liderazgo con amor y respeto y cuidando de él y de tus hijos, procurando siempre vivir conforme a la Palabra de Dios. Si eres soltera, este llamado se expresa al apoyar el liderazgo de tus padres y al cuidar que tu adoración personal sea conforme a la voluntad de Dios, adorándolo como Él desea ser adorado.

También ejerces tu sacerdocio como mujer cuando intercedes por los tuyos, orando por tu esposo, hijos, padres, hermanos y seres queridos. Orar no es solo un privilegio inmerecido, pues hablas con Jesús mismo, sino también una muestra de la misericordia de Dios para contigo. Él desea escucharte. Como un esposo que inclina su oído hacia su amada, así el Señor se inclina hacia ti para oírte, ayudarte, consolarte y animarte cada día. Por eso, cada vez que intercedes por tu hogar, estás ejerciendo fielmente tu llamado sacerdotal.

Y, finalmente, vives este llamado sacerdotal cuando santificas tu vida delante de tu prójimo y permites que tu conducta sea un testimonio vivo de la gracia de Dios en ti. Eres sacerdote de Dios en tu casa cuando santificas Su Nombre, al dejar que los tuyos vean cómo le adoras con reverencia y piedad, tanto en lo íntimo como en lo público. Cuando consagras tu sexualidad conforme al diseño de Dios. Cuando hablas con tu familia y con tu prójimo con amor, gracia y compasión. Cuando los aconsejas con ternura y firmeza. Y aun cuando, con paciencia y valor, reprimes su pecado por amor a ellos. En todo esto estás representando a Dios en tu hogar, no viviendo en tus propias fuerzas, sino para Él, por la gracia que ya está obrando en ti.

El mandato al rol profético

También, hombres y mujeres fuimos creados a imagen y semejanza de Dios para ser Sus profetas en la tierra. Esto lo vemos en Génesis: Dios le dio un mandato a Adán —no comer del fruto del árbol del conocimiento del bien y del mal— y, al ejercer su rol profético, Adán debía comunicar ese mandato a su esposa. Luego, ambos tenían la responsabilidad de enseñarlo a sus hijos, y así transmitir la Palabra de Dios de generación en generación.

Si bien es cierto que muchas veces los profetas del Antiguo Testamento hablaban sobre cosas futuras, su función principal era proclamar la Palabra, aconsejarla y enseñarla con paciencia y doctrina. El clímax de esta función lo vemos en Jesús, quién nos dio a conocer al Dios invisible por medio de su vida, obras y enseñanzas (Jn 1:18).

De manera similar, Dios te ha llamado a ejercer una función hermosa y sagrada dentro de tu hogar: hablar Su Palabra a tu esposo y a tus hijos. Él te ha llamado a ser profeta en tu casa. Esto significa que, a través de la Biblia, debes instruir, exhortar, consolar y animar a tu familia cada día.

Estás llamada a frenar el pecado, pero no con tus propias palabras, sino con las Sagradas Escrituras; a animar con la sabiduría de Dios, no con la del mundo; a instruir con la verdad divina y no con las mentiras de Satanás; a consolar con el evangelio, y no con simples ideas del mundo caído. Todo esto, con el propósito de que cada miembro en tu hogar sea edificado en amor.

De manera que tú representas a Dios en tu hogar cuando eres fuente de edificación y no de destrucción, cuando modelas la verdad y no la mentira, cuando bajo la gracia de Dios, procuras ser íntegra y no simplemente astuta; cuando eres humilde y no orgullosa. Porque fuiste creada no solo para reflejar el carácter de Dios ante el mundo, sino también para representarlo. Para que quienes te rodean, al ver tu vida, tu carácter y tus obras, puedan vislumbrar cómo es Dios.

A todo esto, considerado en su conjunto, se le conoce como mandato cultural. Es el llamado que Dios nos hace, como sus representantes, a desarrollar el potencial de su creación con justicia y santidad: la agricultura, la ciencia, el arte, la tecnología y toda manifestación cultural. De manera que todo el tiempo y en cada área de nuestra vida busquemos que Dios sea glorificado en la tierra. Como dijo el apóstol Pablo: «Entonces, ya sea que coman, que beban, o que hagan cualquier otra cosa, háganlo todo para la gloria de Dios» (1 Co 10:31).

Entonces, ¿qué significa ser creada a imagen y semejanza de Dios? Que fuiste creada para «reflejar» el carácter de Dios y «representarlo» en la tierra, de manera que los demás, al verte, imaginen a Dios y vean en ti reflejado el carácter mismo del Señor.

¡Eso significa que tu vida tiene propósito y significado! Porque Dios te ha hecho para ser como Él. Tú no eres un accidente, eres la imagen de Dios en el mundo. Fuiste creada para ser como Cristo, y ese propósito debería elevarte por encima de tus circunstancias, al anclar tu existencia en las intenciones de tu amoroso creador.

EL FUNDAMENTO DE TU VERDADERO VALOR Y DIGNIDAD

Como hemos visto, la dignidad humana se fundamenta en que hombres y mujeres fuimos creados a imagen y semejanza de Dios. Por lo tanto, ser creada a imagen de Dios significa que tu vida tiene un valor intrínseco, no simplemente por quién eres, sino por lo que Dios es en ti como tu Señor y Salvador. Tu dignidad está ligada completamente al valor de Jesucristo. Por eso, en Cristo, tu valor y dignidad son incondicionales y eternos:

> Ya que eres precioso a Mis ojos,
> Digno de honra, y Yo te amo,
> Entregaré a *otros* hombres en lugar tuyo,
> Y a *otros* pueblos por tu vida (Is 43:4).

Por haber sido creada a Su imagen, para Dios eres invaluable e importante, tu vida es sagrada para Él, y eso no cambia a pesar de tu pecado. En Génesis 9:6, escrito después de la caída, Dios dice: «El que derrame sangre de hombre, / Por el hombre su sangre será derramada, / Porque a imagen de Dios / Hizo Él al hombre». Esto quiere decir que, a pesar de la caída, ante los ojos de Dios, el hombre no perdió su dignidad. Aunque la imagen de Dios fue dañada por el pecado, no fue destruida. Por eso, tú eres digna de respeto y, al mismo tiempo, estás llamada a respetar a los demás, porque todos llevan la imagen de Dios.

Ser creada a imagen de Dios significa también que Dios te creó para ser objeto de Su amor, para disfrutar de intimidad con Él, para gozar de Su gracia y de Su misericordia: «Pero Dios demuestra Su amor para con nosotros, en que siendo aún pecadores, Cristo murió por nosotros» (Ro 5:8).

Entonces, si alguna vez te preguntas quién eres como mujer o por qué existes, la respuesta es sorprendentemente simple: debido a que estás hecha a imagen de Dios, existes para reflejarlo y representarlo en esta tierra y para proclamar cómo es Dios. Esa es la base de tu identidad, de tu significado y de tu valor.

¿QUÉ IMPLICA QUE SEAS PORTADORA DE LA IMAGO DEI?

Existen muchas implicaciones para tu vida al ser portadora de la imagen de Dios, pero quiero profundizar en dos de ellas.

1. Tu identidad depende del objeto de tu adoración.

En teología se lo conoce como *identidad reflexiva*. Esto significa que, al haber sido creada conforme a una imagen externa a ti misma, tu identidad, valor y significado vendrán siempre del objeto al que representas y adoras.

Déjame ilustrarlo con un ejemplo: imagina que ves dos fotografías. Una de ellas tiene la imagen de una piedra y la otra tiene la imagen de tus seres queridos, ¿cuál de las dos tendría más valor para ti? Obviamente, la de tus seres queridos, porque el valor y la belleza de esa imagen depende del valor y la belleza del objeto que refleja.

De la misma manera, no es lo mismo que representes a un mendigo que a un rey. Tampoco es lo mismo que representes a Satanás o al mundo, a que reflejes y representes a Dios. Por lo tanto, si adoras a Dios, tus acciones diarias serán un reflejo de quién es Él. Tu vida será piadosa, hermosa a los ojos de la santidad. Tu identidad será firme y tus acciones dignas del evangelio. Pero si tu admiración y comunión diaria están puestas en el mundo y en personas que aman al mundo y su cultura, tu identidad será pervertida, corrompida conforme a los valores del mundo. Tu bondad se transformará en crueldad, tu belleza en fealdad y tu calidez en frialdad.

Esto es precisamente lo que nos enseña Pablo en Romanos 1 cuando dice que los hombres cambiaron la gloria de Dios en semejanza de una imagen de hombre corruptible y de animales. La consecuencia natural fue la depravación personal.

Más adelante, en Romanos 3, afirma que nos volvimos inútiles, malvados, como los ídolos a los que representamos. Esto es así porque nuestra identidad es reflexiva: nos conformamos a aquello que adoramos.

Tu identidad siempre echará raíces en aquello que reflejes; te parecerás al objeto de tu adoración. Por eso, cuando tu alma se nutre en comunión con Dios, tus actos se convierten en adoración. Pero cuando tu corazón se rinde ante cualquier otra cosa fuera de Cristo, incluso lo más noble se vuelve idolatría.

Por tanto, a la luz de Romanos 1, si basas tu identidad en tu género, en la aprobación de otros, en tu belleza, en tu dinero, en el amor de un hombre, en tus posesiones o en tu éxito, estarás cayendo en idolatría. ¿Por qué? Porque tu identidad no estará fundamentada en Dios, tu Creador. Como resultado, tu vida será vana, frágil y vacía.

Por eso no es extraño que en la Biblia se nos mande todo el tiempo a cuidar nuestras relaciones: «No estén unidos en yugo desigual...» (2 Co 6:14); «El que anda con sabios será sabio, / Pero el compañero de los necios sufrirá daño» (Pr 13:20); «No se dejen engañar: "Las malas compañías corrompen las buenas costumbres"» (1 Co 15:33). Esto es así porque nuestra identidad debe ser el reflejo del Dios que adoramos.

Entonces, ¿cómo podemos gozar de una identidad según el diseño de Dios? Relacionándonos con Él.

2. Depende de Cristo cada día.

Si la imagen de Dios está en ti y tu valor y dignidad dependen del Dios a quien reflejas y adoras, entonces debes depender de Cristo cada día. Fuiste creada para Él y por Él, por lo tanto, si quieres que tu identidad sea conforme al diseño de Dios, tienes que regresar al origen, a quien te creó, a Jesucristo, porque le perteneces.

¿Recuerdas aquel pasaje en el cual los fariseos intentaron engañar a Jesús haciéndole una pregunta sobre si es lícito pagar tributo al César? Esa pregunta era una trampa, porque si decía que sí, el pueblo judío se molestaría con Él; y si decía que no, entonces los romanos podrían acusarlo de rebelde. Pero Jesús les respondió: «Y Él les preguntó: "¿De quién es esta imagen y esta inscripción?". Ellos le dijeron: "De César". Entonces Él les dijo: "Pues den a César lo que es de César, y a Dios lo que es de Dios"» (Mt 22:20-21).

Con esto quiero recordarte que tú le perteneces a Dios porque portas Su imagen. Tu adoración, tu amor, tus pasiones, tus deseos, tus pensamientos, tus sueños, todo le pertenece a Dios porque eres de Él. Entonces, no establezcas la base de tu vida en algo que no sea Jesucristo. Si has sido creada a imagen de Dios, entonces tu identidad, tu propósito, tu felicidad y tu valor dependen exclusivamente de Él. Solo en Cristo encuentras el verdadero sentido de tu existencia, en nadie más.

¿QUÉ HACER SI NO HAS REFLEJADO LA IMAGEN DE DIOS DE FORMA ADECUADA?

El problema más grave que tú y yo tenemos es que nacimos bajo pecado. Eso significa que, así como un espejo roto sigue reflejando la imagen, aunque de manera distorsionada, así también nuestra vida de pecado refleja una imagen distorsionada de Dios. Pero por la gracia y la bondad de Dios, el Padre envió a Su Hijo Jesucristo a morir por nuestros pecados, para que, creyendo en Él, recibamos el perdón y la vida eterna.

Por esa obra de gracia inmerecida, ahora tu vida puede ser restaurada para reflejar y ser como Cristo, porque Él es la imagen perfecta de Dios y en Él se encuentra la plenitud de la Deidad. Por lo tanto, si comienzas a contemplar la belleza y la gloria de Jesucristo por medio de Su Palabra y de tu comunión con Él, entonces Su imagen se reflejará en ti y vendrás a ser digna representante y fiel reflejo de Su gloria en este mundo:

> Pero todos nosotros, con el rostro descubierto, contemplando como en un espejo la gloria del Señor, estamos siendo transformados en la misma imagen de gloria en gloria, como por el Señor, el Espíritu (2 Co 3:18).

Contempla esta verdad con asombro y humildad, admira

el privilegio de ser moldeada por la gracia transformadora de Dios. Si contemplas a Cristo y fijas tus ojos en Él, el Espíritu Santo te transformará para que reflejes Su gloria en todo lo que hagas.

Confía en esta verdad. Yo no conozco tus cargas, tus preocupaciones o dolores. No sé si has sido herida por otros o vives cargada con la culpa. A lo mejor tienes sentimientos de derrota, tristeza y amargura y vives como un espejo roto que no refleja adecuadamente el carácter de Cristo. Pero la buena noticia es que, a la luz de la Palabra, el don de la salvación que es Cristo es mayor que tu bendición original, porque tu redención no es solo para regresar a tu estado original, sino que también te concede una comunión con Cristo, mucho más íntima, por medio de tu unión con Él.

Déjame ilustrar esto con una historia que se cuenta mucho en las escuelas dominicales. Se trata de un niño que creó una barquita de madera con sus propias manos: cortó la madera, puso cada uno de los clavos, la pintó y la llevó a un lago para hacerla navegar. De pronto, un fuerte viento alejó su barquita, haciendo que se perdiera en el pequeño lago. El niño regresó triste a su casa porque perdió lo que con tanta ilusión había creado.

Tiempo después, mientras paseaba con sus padres, vio en una vitrina su preciosa barquita de madera, la cual estaba a la venta. Con rapidez entró a la tienda y reveló que él era el dueño y creador de ella. Pero el dueño de la tienda le explicó que no podía regalársela, sino que debía comprarla, porque la tienda había pagado un precio por ella.

El niño comenzó a ahorrar y cuando tuvo el dinero suficiente fue a la tienda para comprar su amada barquita. Al salir de la tienda, con el tesoro en sus manos, el niño le dice a su creación: «Ahora, eres dos veces mía, primero porque yo te creé y luego porque te compré».

Lo mismo ocurre con Dios. Él te creó a Su imagen y para Su gloria, pero a causa del pecado naciste muerta espiritualmente y, aunque amada por Dios, te alejaste de Él. Lejos, entregaste tu mente, tus ilusiones, tus sentimientos, tu cuerpo, tus anhelos y tu tiempo, a tus propios deseos. Pero Dios te amó de tal manera que pagó para recuperarte, para perdonarte, para limpiarte y presentarte a Él mismo como una hija radiante y hermosa. Él pagó con la muerte de Jesús por tu vida, por lo tanto, en Cristo eres dos veces suya.

Él no solo te ha redimido, sino que también te santifica, te viste con Su gracia, te embellece con Su piedad y te preserva, no para un momento, sino para la eternidad con Él, quién es tu esposo, tu hermano, tu amigo, tu confidente, tu sostén; el Redentor y Salvador, Jesucristo

Recuerda que fuiste creada a imagen de Dios. Existes para reflejarlo y representarlo en esta tierra, para proclamar cómo es Él al hacer lo que Él hace. Esa es la base inamovible de tu dignidad, tu identidad, tu valor y tu propósito como mujer.

PREGUNTAS PARA ESTUDIO

4. ¿Qué significa ser creada a imagen y semejanza de Dios, según el capítulo, y cómo se explica este concepto con las palabras «reflejo» y «representación»?

5. ¿Cómo se manifiestan las tres funciones de «rey», «sacerdote» y «profeta» en la vida diaria de una mujer redimida?

6. ¿Por qué el valor de la mujer no depende de su belleza, logros o utilidad, sino de su origen y propósito en Dios?

7. ¿Cómo se explica que, a pesar del pecado, aún sigas portando la imagen de Dios?

PREGUNTAS DE APLICACIÓN PERSONAL

1. ¿Hay en tu vida alguna «fuente de valor» distinta a Dios? ¿En qué cosas (éxito, belleza, aprobación, maternidad, etc.) has intentado basar tu identidad últimamente?

2. ¿Cómo estás reflejando hoy la gloria de Dios en tus actitudes y decisiones cotidianas?

3. ¿Qué aspectos de tu vida diaria necesitan ser más intencionalmente sometidos al señorío de Cristo para representarlo mejor?

4. ¿Hay áreas en las que te has sentido como un «espejo roto»? ¿Cómo te anima saber que Dios puede restaurarte para reflejar mejor Su imagen?

2

MUJER, DISEÑO DE DIOS:

La majestuosidad de Dios en la esencia femenina

Geraldina de Domínguez

Germaine Greer, una reconocida escritora y locutora australiana, describió la vida de una mujer como «una vida entera de camuflajes y rituales idiotas, llena de presentimientos y fracasos».[1] Esta visión desvaloriza la dignidad de ser mujer.

Greer, una de las figuras más representativas de la segunda ola del feminismo, sostiene en sus libros —y en afirmaciones como esta— que las expectativas sociales y los roles tradicionales pueden socavar la dignidad y la identidad de las mujeres. Lo lamentable de una afirmación tan impactante y grotesca como esta es que muchas mujeres han comprado esa idea y la han guardado en sus corazones.

Muchos piensan que la dignidad de la mujer consiste en «liberarla», incitándola a salir de los roles tradicionales, y muchas mujeres han adoptado ese pensamiento. Otros hablan fuertemente de una mujer «empoderada», fuerte, que no necesita ayuda de nadie, y comienzan a enmarcar a la mujer en categorías para que pueda «encontrarse a sí misma».

Desafortunadamente, este tipo de pensamiento ha llevado a muchas mujeres a una crisis, con consecuencias significativas en sus vidas. Vemos a mujeres luchando por encajar y saber quiénes son, buscando identidad en la sociedad o pensando y debatiendo con ellas mismas: ¿Soy madre, o no soy madre? ¿Me caso, o no me caso? ¿Quién soy? ¿Qué soy? ¿Soy profesional, o soy ama de casa? ¿Soy muy bajita, o soy muy alta? ¿Tengo dinero, o no tengo muchos ingresos? ¿Tengo vida social o no la tengo?

Como consecuencia, muchas mujeres tratan de enfrascarse en una o en varias de estas categorías, y entonces comienzan a sufrir, porque ponen su vida y su dignidad en función de lo que el mundo está dictando que deben ser o hacer, según los estándares que la cultura ha definido sobre lo que significa ser mujer.

La Palabra de Dios nos enseña que la dignidad de la mujer no depende de estándares humanos ni de categorías sociales. Sin embargo, no es sino hasta que una mujer conoce la majestuosidad de Dios que puede comprender verdaderamente su esencia femenina. Eso es precisamente lo que nos muestra Salmos 8, un hermoso himno de alabanza al Señor, sobre el cual quiero que reflexionemos a lo largo de este capítulo:

Cuando veo Tus cielos, obra de Tus dedos,
La luna y las estrellas que Tú has establecido,

Digo: ¿Qué es el hombre para que te acuerdes de él,
Y el hijo del hombre para que lo cuides? (Sal 8:3-4).

Con respecto a este salmo, C. S. Lewis expresa: «Es una letra corta y exquisita: Salmos 8 es simplemente una celebración de la majestuosidad de Dios. La majestad de Dios se ve aquí a través del lente de la creación».[2]

Salmos 8 es el primero de cinco salmos llamados *Salmos de la naturaleza*. A este conjunto pertenecen también los salmos 19, 29, 65 y 104. Este salmo no solo trata de la majestuosidad de Dios, sino que también reflexiona sobre la dignidad del hombre.

El hermoso mensaje que vamos a descubrir en este salmo es que la dignidad del ser humano se prueba más y más al contemplar la gran majestuosidad de Dios. Dicho de otra manera, la dignidad del hombre y la mujer se presenta aquí como una prueba de la majestuosidad de Dios.

A través de este salmo vamos a comprender que Dios nos creó mujeres coronadas de gloria y honor. Por lo tanto, no tenemos por qué vivir estresadas, debatiendo, dudando o cuestionándonos qué significa ser mujer, porque tú y yo le pertenecemos a nuestro Dios, quien nos formó a Su imagen y semejanza para reflejar aspectos de Su carácter, así como Adán fue creado para reflejar otros atributos del Creador.

CONTEMPLEMOS LA GRANDEZA DE NUESTRO DIOS

¡Oh Señor, Señor nuestro,
Cuán glorioso es Tu nombre en toda la tierra,
Que has desplegado Tu gloria sobre los cielos!
Por boca de los infantes y de los niños de pecho has establecido *Tu* fortaleza,
Por causa de Tus adversarios,
Para hacer cesar al enemigo y al vengativo (Sal 8:1-2).

El salmista David inicia declarando una grandiosa verdad acerca de Dios: que Él es glorioso, grande, majestuoso en toda la tierra. La palabra «gloria» que utiliza hace referencia a algo que tiene valor y peso. Lo que la Biblia resalta en este texto es que Dios es valioso, único e incomparable, y que demuestra Su valor o peso en la creación de dos maneras:

1. **Dios da a conocer Su gloria a través de Su creación.**

La belleza de la creación —el ser humano, los animales, las plantas, el cielo, las montañas y todo cuanto existe— proclama la hermosura de Su Creador. La inmensidad del universo refleja la infinitud de Dios. Cuando contemplamos la lluvia, el cielo, las estrellas, la belleza de una flor, de un ave o del mar, y nos maravillamos ante lo hermoso de la naturaleza, es entonces cuando la belleza del universo nos habla de la hermosura y la gloria de Dios.

Recuerdo que hace unos años tuvimos la oportunidad con mi esposo de ir al *Museo de la Creación* y durante la visita fuimos al planetario. Ahí nos comenzaron a mostrar el universo, nos hablaron acerca del sol, las estrellas, los planetas; y mientras más avanzaba la explicación, el universo se hacía cada vez más y más grande en nuestras mentes.

Mientras nos seguían mostrando la grandeza de la creación de Dios y los misterios del universo, observé cómo la imagen del planeta Tierra se hacía más y más pequeña, hasta quedar como un punto diminuto. En ese momento pensé: *Y yo estoy ahí, dentro de ese pequeño planeta, y soy más pequeña todavía que ese planeta. Y estoy en un país llamado El Salvador, que es mucho más pequeño que otros países*. Entonces, reflexionando en mi pequeñez y en la grandeza de Dios, le hice esta pregunta: «¿Cómo es que Tú te fijaste en el ser humano, Señor, si Tu creación es tan grande?». Y con el corazón conmovido, no pude más que agradecerle por hacerme parte de Su obra maravillosa.

Entonces, en el primer versículo de este salmo vemos la grandeza de Dios y Su incomparable poder por medio de Su creación. Contemplamos cuán majestuoso es Él al mirar las obras de Sus manos, y nos maravillamos ante todo lo que ha hecho.

2. Dios muestra Su gloria en la debilidad humana.

Mientras que en el primer versículo David reflexiona sobre la majestuosidad del Dios Creador, en el segundo versículo afirma que los niños, los hijos de Dios, son débiles en muchos sentidos, pero que, a pesar de eso, Dios vence a Sus enemigos a través de la debilidad de ellos para mostrar Su gran poder y fuerza:

> Por boca de los infantes y de los niños de pecho has establecido *Tu* fortaleza,
> Por causa de Tus adversarios,
> Para hacer cesar al enemigo y al vengativo (Sal 8:2).

Dicho de otra manera: Dios demuestra Su grandeza y majestad al fortalecer a los débiles. Es una verdad que se reafirma una y otra vez a lo largo de toda la Biblia.

Mientras leía esta porción, reflexionaba en lo siguiente: en el primer versículo estoy viendo al Dios Todopoderoso, Creador incomparable; pero luego, en el versículo dos, leo que Él va a vencer a Sus enemigos con la debilidad, con los débiles. ¿Cómo puede ser poderoso y débil a la vez? ¿Acaso no es una ironía?

Esto también lo vemos en Mateo 21:15-16, donde se narra lo que ocurrió inmediatamente después de la expulsión de los mercaderes del templo. Luego de expulsarlos Jesús sanó a los enfermos y muchos de los que estaban ahí se acercaron a Él y lo alabaron. Debido a todo esto ocurre lo siguiente:

> Pero cuando los principales sacerdotes y los escribas vieron las maravillas que había hecho, y a los muchachos que gritaban en el templo y decían: «¡Hosanna al Hijo de David!», se indignaron. Y le dijeron: «¿Oyes lo que estos dicen?». Y Jesús les respondió: «Sí, ¿nunca han leído: "De la boca de los pequeños y de los niños de pecho te has preparado alabanza?"» (Mt 21:15-16).

Para responder a los sacerdotes y escribas, Jesús citó Salmos 8, pues en este salmo se declara que Dios mismo es adorado por la boca de los niños, de los pequeños. Es precisamente a través de esta alabanza, proveniente de criaturas vulnerables y frágiles, que Dios manifiesta Su fortaleza y hace callar a Sus enemigos.

A veces decimos que somos débiles, que no se nos toma en cuenta. Nos preguntamos hasta cuándo seguiremos sufriendo. Y lamentablemente, es en esos momentos cuando muchas buscamos respuestas en filosofías vanas, fuera de la Biblia. Por eso divagamos, tomamos otros caminos, y comienza la confusión en nuestra mente y en nuestro corazón. Pero cuando abrimos las Escrituras y vemos que es precisamente a través de Su majestuosidad y Su poder que Dios utiliza al débil y al menospreciado para avergonzar al soberbio, no podemos hacer otra cosa que decir con gratitud: «¡Gracias, Señor!».

Es la misma gratitud que manifestó el apóstol Pablo: «Y Él me ha dicho: "Te basta Mi gracia, pues Mi poder se perfecciona en la debilidad". Por tanto, con muchísimo gusto me gloriaré más bien en mis debilidades, para que el poder de Cristo more en mí» (2 Co 12:9).

Cuando yo soy débil, Él es fuerte. Cuando nosotras nos rendimos, Él es fuerte. Su gloria se revela cuando dejamos que Él obre en nosotras. Porque somos Suyas, y por eso podemos decir con convicción: «¡Dios es grande y majestuoso!».

NUESTRO VALOR PROVIENE DE DIOS

Las mujeres somos valiosas porque somos la imagen del Dios grande y majestuoso. Ahí está tu valor: en Su grandeza y majestuosidad. No vales por tener o no tener una relación. No vales por un trabajo o una casa. Tu valor está en Él.

> Cuando veo Tus cielos, obra de Tus dedos,
> La luna y las estrellas que Tú has establecido,
> *Digo*: ¿Qué es el hombre para que te acuerdes de él,
> Y el hijo del hombre para que lo cuides?
> ¡Sin embargo, lo has hecho un poco menor que los ángeles,

Y lo coronas de gloria y majestad!
Tú le haces señorear sobre las obras de Tus manos;
Todo lo has puesto bajo sus pies:
Todas las ovejas y los bueyes,
Y también las bestias del campo,
Las aves de los cielos y los peces del mar,
Cuanto atraviesa las sendas de los mares (Sal 8:3-8).

En esta porción del salmo, David comienza a comparar la grandeza de la creación con la grandeza del ser humano, y rápidamente llega a esta conclusión: aunque la creación es grande y majestuosa, su dignidad es menor que la del hombre y la mujer.

Esto es así porque el ser humano ha sido creado a imagen y semejanza de Dios. Al contemplar las obras de Dios y su inmensidad, David se hace una pregunta profunda: «¿Qué es el hombre para que te acuerdes de él?». Esa pregunta nace del asombro, al reconocer que nada en la creación, por más majestuoso que sea, tiene el honor y la gloria que Dios ha concedido a los seres humanos.

Aunque somos pequeñas como una mota en el vasto universo, somos infinitamente valiosas, porque hemos sido creadas a imagen de Dios, quien es infinito, grande y majestuoso. Todos nosotros, hombres y mujeres, gobernamos la creación en representación de Dios. Somos Sus representantes, somos Su imagen, y gobernamos en Su nombre.

No son los animales quienes nos gobiernan; somos nosotros quienes los gobernamos a ellos. No son ellos los que crean culturas, desarrollan la ciencia como la medicina; somos los seres humanos. Esa es nuestra gloria: representamos a Dios y lo reflejamos. Ese es nuestro honor: nos parecemos a nuestro Padre y Creador.

Sin embargo, el mundo, Satanás y el pecado han distorsionado esta gloria y honor en el corazón y la mente de muchas mujeres. Hoy, las mujeres viven engañadas, creyendo que por sí solas pueden salir adelante en una lucha de poder entre el hombre y la mujer. Por eso ahora la mujer busca ser superior, anhela ser tomada en cuenta, quiere imponerse y dar órdenes. Y así comienza una batalla, como si estuviéramos en un campo de guerra.

La mujer hoy vive engañada, con la mirada desviada del Creador y distraída por los placeres y ofertas del mundo. Es tan doloroso ver cómo los consejos que están recibiendo las mujeres, tanto jóvenes, adultas, solteras, casadas y divorciadas, se resumen en un mismo mensaje: «Disfruta tu vida. Al casarte te vas a esclavizar (o ya estás esclavizada) al estar sirviendo a un hombre o a tus hijos».

Y vemos todos esos mensajes a través de las redes sociales, con diversos formatos y emisores, pero el mensaje central es el mismo. Es increíble ver que, incluso hoy en día, son los homosexuales los que están aconsejando a las mujeres. Son ellos los que están dando este tipo de consejos y muchos otros.

Esa es la forma en que las mujeres de diversas edades están

siendo engañadas, creyendo filosofías e ideologías que lo único que traen es confusión a su mente, entonces empiezan a ser distraídas de su verdadera esencia e identidad. Todas estas ideologías están estereotipando a la mujer con un objetivo: quitarle el verdadero valor por el cual ha sido creada.

Y el problema es doble: no solo están confundidas, sino que también sufren. Por eso en la actualidad vemos muchas enfermedades emocionales: depresión, ansiedad, ataques de pánico, fobias, agresión, etc. Vemos estadísticas alarmantes de mujeres más agresivas, más irascibles, más violentas, con un incremento en los casos de suicidio. Todo esto ocurre en un contexto donde se ha perdido la distinción entre el hombre y la mujer, y donde muchas buscan asumir una identidad y un papel que no les corresponden.

Al querer dejar de ser mujeres y masculinizarse, sus mentes se adormecen. Actúan conforme a estas filosofías y estereotipos que solo provocan más confusión y más dolor. Llegan a pensar que la vida ya no tiene sentido, que ya no tiene propósito, mucho menos en Dios. No quieren acercarse a la Palabra, ni congregarse en una iglesia local.

En este punto, también hay algo muy doloroso que se suma a esta confusión, y es ver cómo el feminismo se ha ido introduciendo en las iglesias. Yo he escuchado predicadoras (que no sé si son cristianas o no), diciéndole a las mujeres: «Salgan de sus iglesias. ¿Qué están haciendo ahí? Vayan y ayúdense mutuamente como mujeres. Salgamos de las iglesias, la Biblia no es suficiente». Y están alejando a las mujeres y a nuestras jóvenes de lo que es verdadero, de la Palabra de Dios. Mientras tanto, las mujeres cada vez se están destruyendo más a sí mismas al pensar que la vida no tiene sentido.

Yo no sé cómo estás tú, ni sé cómo ha sido tu vida hasta el día de hoy. No sé si has tenido un pasado duro, si ha sido difícil para ti el matrimonio, si has sufrido abusos, si has tenido un hogar disfuncional, si tus hijos rebeldes no quieren saber nada de ti o si has caminado en la culpa y la vergüenza.

Tampoco sé si sientes que pasan los años y se te va pasando la juventud, y vuelves a ver a tu alrededor y piensas que nadie se fijó en ti. No sé si has comenzado a darle sentido a tu vida basándote en estas filosofías huecas, o si te culpas por tus fracasos: un trabajo que no llega, un matrimonio que se quebró, un esposo e hijos que no supiste cómo cuidar.

A lo mejor estás tan joven que sientes que ya no encajas con nadie. O quizás estás llegando a una edad avanzada y piensas que ya no tienes fuerzas ni valor, que ya nadie te escucha en esta vida tan acelerada.

Cualquiera que sea tu historia, tu dolor o tu lucha, la pregunta que quiero hacerte es: «¿Qué puedes hacer para restaurar la dignidad, la gloria y el honor de ser una mujer a imagen de Dios, de ese Dios grande y majestuoso?».

Quiero decirte que ni tú ni yo podemos hacer absolutamente nada por nosotras mismas, nada, porque primero necesitamos a nuestro Creador y Salvador: Jesucristo. Necesitamos que Él nos salve. Pero para eso debemos creer y acercarnos a Él por medio de Su Palabra.

Quizás, en esa necesidad de salvación en la que te encuentras, esta Palabra es la manera en la que Dios te dice: «Ven a Mí».

La hermosa noticia para todas nosotras es que hoy podemos ver a Jesús por medio de Su Palabra. Así lo declara Salmos 8 y lo confirma Hebreos 2:5-9:

> Porque no sujetó a los ángeles el mundo venidero, acerca del cual estamos hablando. Pero uno ha testificado en un lugar *de las Escrituras* diciendo:
>
> «¿Qué es el hombre para que Tú te acuerdes de él,
> O el hijo del hombre para que te intereses en él?
> -»Lo has hecho un poco inferior a los ángeles;
> Lo has coronado de gloria y honor,
> Y lo has puesto sobre las obras de Tus manos;
> Todo lo has sujetado bajo sus pies».
>
> Porque al sujetarlo todo a él, no dejó nada que no le sea sujeto. Pero ahora no vemos aún todas las cosas sujetas a él.
>
> Pero vemos a Aquel que fue hecho un poco inferior a los ángeles, *es decir*, a Jesús, coronado de gloria y honor a causa del padecimiento de la muerte, para que por la gracia de Dios probara la muerte por todos.

Lo que nos dice este pasaje es que, por un tiempo breve, cuando Jesús se encarnó, vino a ser un poco menor que los ángeles. Pero ahora —resucitado y exaltado— ha sido coronado de gloria y honor como resultado de Su sufrimiento en la cruz. Por eso la Biblia dice que Él es la imagen del Dios invisible, la imagen perfecta de Dios, coronado de gloria y majestad.

Por tanto, si hoy crees en Él, en Su obra redentora, en Su sacrificio en la cruz, en Su resurrección y tienes un corazón arrepentido, entonces Dios no solo te salva y te perdona, sino que también restaura en ti Su imagen. Hace brillar en ti Su gloria y majestad, la imagen de Cristo, hasta que te parezcas más a Él.

VIVIR BAJO EL DISEÑO DE DIOS PRODUCE EN NOSOTRAS UN CORAZÓN LLENO DE GRATITUD Y ALABANZA A NUESTRO DIOS

Así es como la mujer puede encontrar el verdadero sentido de la vida: al contemplar a su Redentor, Aquel que toma una imagen rota y caída y la transforma en una imagen hermosa, vestida de honra y gloria, una dignidad que solo Cristo puede dar.

Este es el mensaje de Salmos 8: que lo veamos a Él, que veamos a Jesús como nuestra única fuente de identidad, nuestro único Salvador, el único que puede restaurar nuestros corazones rotos y heridos. Solo Él puede traer paz al alma agitada, llenar de amor un corazón vacío, iluminar con Su luz la tormenta más oscura y dar propósito a una vida desgastada. Jesús es el único que puede dar fuerza al cansado, el que saca del pozo de la desesperación tu vida, del lodo cenagoso, para poner tus pies sobre la peña. Él es el único que endereza tus pasos.

¡Bienaventurado el hombre que confía en el Señor! ¡Bienaventuradas las mujeres que confían en el Señor!

Y ese es el llamado que quiero hacerte, que nos gocemos y nos alegremos en nuestro Creador y Salvador, en el dador de vida, porque a eso hemos sido llamadas: a dar vida, la vida de nuestro Salvador, la vida de Cristo.

Entonces ¿cuál es el resultado de conocer a nuestro Señor, de ver cómo nuestra vida es restaurada en Cristo? El resultado es que, como mujeres, abrazamos nuestro diseño y reflejamos en nuestra vida la imagen del Dios grande y majestuoso. Y eso produce en nosotras gratitud. Ya no hay más amargura, ya no hay más dolor, ya no hay más frustración, ya no hay insatisfacción, ya no más pleito. Solo gratitud. Porque lo que surge en un corazón redimido por Cristo es gozo, paz y alegría.

Salmos 8 termina como empieza: «¡Oh Señor, Señor nuestro, / Cuán glorioso es Tu nombre en toda la tierra!» (Sal 8:9). Ante la revelación de la grandeza de Dios, reflejada a través de nosotros como imagen Suya, David termina su salmo alabando a Dios con profunda gratitud.

Y eso mismo sucede contigo y conmigo. Solo cuando comprendemos la grandeza de nuestra dignidad como portadoras de la imagen del Dios grande y majestuoso en este mundo, dejamos de vernos a nosotras mismas para mirar a Dios.

Sin Cristo, no podemos ver la grandeza de Dios. Sin Cristo, no podemos entender la dignidad que implica ser salvadas, redimidas y conformadas a Su imagen; porque solo Él es grande y solo Él es majestuoso.

Recuerda: Dios te creó mujer, y te coronó de gloria y honor. Tú y yo hemos sido creadas para glorificar Su majestuosidad, para alabanza de la gloria de nuestro Señor.

PREGUNTAS PARA ESTUDIO

1. ¿Qué nos enseña Salmos 8 sobre la relación entre la majestad de Dios y la dignidad del ser humano?

2. ¿Cómo el contraste entre la grandeza de la creación y la pequeñez del ser humano resalta el valor que Dios otorga al hombre y a la mujer?

3. ¿De qué manera Jesús es la respuesta al anhelo de dignidad y restauración que presenta Salmos 8?

4. ¿Cómo se manifiesta en la mujer el llamado bíblico a reflejar la gloria y la majestad de Dios?

PREGUNTAS DE APLICACIÓN PERSONAL

1. ¿En qué áreas de tu vida has buscado tu valor fuera del diseño de Dios?

2. ¿Cómo te alienta saber que Dios muestra Su poder en medio de tu debilidad?

3. ¿De qué formas prácticas puedes reflejar hoy mismo la gloria de tu Creador como mujer hecha a Su imagen?

4. ¿Qué mentiras culturales sobre el valor o el rol de la mujer necesitas confrontar con la verdad del evangelio?

3

DEL HUERTO AL CAOS:

El lamento de la creación
ante la rebelión femenina

Sugel Michelén

Quiero hacerte una pregunta: «¿Cómo te imaginas a una mujer plena, realizada, inteligente, con una vida satisfactoria y que ha logrado desarrollar su potencial?». Ahora, voy a hacerte esta misma pregunta, pero desde la perspectiva de Dios y Su palabra: «¿Cómo es una mujer que está viviendo una vida plena y satisfactoria, y que está desarrollando su potencial?» (por favor, piensa en tu respuesta). Ahora viene la pregunta crucial: «¿La imagen que tuviste en mente con la primera pregunta coincide con la imagen de la segunda?».

Para resolver cualquier aparente contradicción que pueda existir entre ambas respuestas, es importante recordar que la opinión de Dios prevalece sobre la nuestra. Tal como afirmó el apóstol Pablo: «… Antes bien, sea hallado Dios veraz, aunque todo hombre *sea hallado* mentiroso…» (Ro 3:4). Esto se debe a que solo Dios tiene la autoridad para definir lo que ha creado y establecer Su propósito.

En el primer capítulo de este libro hemos hablado de la identidad y el significado de la mujer conforme a la Palabra de

Dios. Ahora quiero añadir algo más a esa definición, porque si queremos saber con certeza cómo es una mujer plena y realizada, debemos consultar el manual del fabricante: la Escritura. A través de ella vamos a conocer el diseño original de Dios al crear a la mujer.

UN VIAJE AL HUERTO DEL EDÉN

Vamos a regresar al huerto del Edén para ver lo que Dios tenía en mente al crear a la mujer. Luego, veremos un contraste con el caos que se ha producido en el mundo a causa del pecado:

> Y dijo Dios: «Hagamos al hombre a Nuestra imagen, conforme a Nuestra semejanza; y ejerza dominio sobre los peces del mar, sobre las aves del cielo, sobre los ganados, sobre toda la tierra, y sobre todo reptil que se arrastra sobre la tierra». Dios creó al hombre a imagen Suya, a imagen de Dios lo creó; varón y hembra los creó. Dios los bendijo y les dijo: «Sean fecundos y multiplíquense. Llenen la tierra y sométanla. Ejerzan dominio sobre los peces del mar, sobre las aves del cielo y sobre todo ser viviente que se mueve sobre la tierra» (Gn 1:26-28).
>
> Entonces el Señor Dios dijo: «No es bueno que el hombre esté solo; le haré una ayuda adecuada» (Gn 2:18).

Sabemos que Adán estaba en el huerto del Edén y que les puso nombre a todos los animales. Todos ellos tenían compañía —el gato con la gata, el mono con la mona, etc.—, pero en toda la creación, como dice el texto, no se halló ayuda idónea que pudiera complementarlo (Gn 2:20). Así que Dios puso a dormir a Adán y de su costilla hizo a la mujer y la trajo a Él.

Cuando Adán vio a Eva, el texto nos da la idea de que este lanzó una exclamación, una expresión de asombro:

> Y el hombre dijo:
> «Esta es ahora hueso de mis huesos,
> Y carne de mi carne.
> Ella será llamada mujer,
> Porque del hombre fue tomada».
> Por tanto el hombre dejará a su padre y a su madre y se unirá a su mujer, y serán una sola carne» (Gn 2:23-24).

Del relato bíblico sobre la creación del hombre y la mujer podemos extraer al menos cinco enseñanzas clave:

1. Iguales en esencia.

El hombre y la mujer comparten la misma dignidad y el mismo valor. Ambos son iguales en esencia porque fueron creados a imagen y semejanza de Dios con el fin de representarlo en la tierra. De hecho, ese poema que leímos en Gn 1:23-24 expresado por Adán, resalta precisamente la unidad esencial que hay entre el hombre y la mujer. A pesar de que existen diferencias, el énfasis del texto está en aquello que nos hace iguales.

2. Representantes de Dios en la tierra según su sexo.

Tanto el hombre como la mujer tienen una labor como representantes de Dios en la tierra, pero cada uno según el sexo con el que fue creado:

> Dios creó al hombre a imagen Suya, a imagen de Dios lo creó; varón y hembra los creó. Dios los bendijo y les dijo: «Sean fecundos y multiplíquense. Llenen la tierra y sométanla. Ejerzan dominio sobre los peces del mar, sobre las aves del cielo y sobre todo ser viviente que se mueve sobre la tierra» (Gn 1:27-28).

Si lees con atención la manera en la que este texto está escrito, observarás que tanto la bendición, el mandato de ser fecundos y la orden de ejercer dominio sobre la tierra son para ambos. Es decir que ambos tenían la misma tarea, solo que el hombre actuando como hombre y la mujer actuando como mujer.

Aunque iguales en esencia, hombres y mujeres poseemos diferencias biológicas y anatómicas que nos hacen complementarios. Las capacidades de la mujer son más importantes en la tarea de llenar la tierra, pues solo ella tiene la capacidad de concebir y dar a luz. Por otra parte, la responsabilidad de ejercer dominio y de someter a la creación es una mayoritaria del hombre, aunque no exclusiva, ya que Dios le dio capacidades que lo hacen más apto para esa labor.

Como bien señala el teólogo Alastair Roberts: «Los hombres y las mujeres son creados y equipados para diferentes propósitos y, por lo tanto, naturalmente exhibirán diferentes fortalezas, preferencias y comportamientos».[1]

Nuestras diferencias son hermosas y complementarias. Las mujeres suelen ser más empáticas, más observadoras, se ocupan más de las relaciones y de los detalles, pueden pensar y hacer muchas tareas a la vez, entre otras cosas.

Para ilustrarlo quiero compartirte un ejemplo cotidiano: cuando voy con mi esposa a reunirnos a la casa de algún matrimonio de la iglesia y luego regresamos a nuestro hogar, mi esposa ha escuchado cargas o preocupaciones de la familia al conversar con la esposa, de las que yo no me he enterado durante la reunión. También hace comentarios sobre detalles o adornos de la casa que yo he pasado completamente por alto. Esto es así porque mientras las mujeres están enfocadas en las personas y en los detalles, los hombres estamos más enfocados en los conceptos.

Esta breve referencia solo ejemplifica lo diferentes que

somos como hombres y mujeres, y son precisamente esas hermosas diferencias lo que nos hace complementarnos.

3. Creados en un esquema de autoridad.

El hombre y la mujer fueron creados en el contexto de un esquema de autoridad en el que el hombre ejerce la función de líder y la mujer la función de seguidora, sin que eso implique que el sexo masculino sea superior al femenino en ningún sentido.

En el capítulo 2 de Génesis vemos la misma escena de la creación del hombre y la mujer del capítulo 1, pero esta vez con más detalles. Allí se nos dice que Adán fue creado primero, y eso no fue casualidad. Pablo afirma en 1 Timoteo 2:13 que Dios creó primero al hombre y después a la mujer para mostrar esa estructura de autoridad diseñada por Él para la sociedad humana. Cuando Eva llegó al paraíso, Adán ya había recibido un mandato directo de parte de Dios, tanto para cuidar del huerto como para limitar su libertad (Gn 2:15-17), mandato que él, como cabeza de su esposa, debía comunicar. También vemos que, para ese momento, el hombre ya había nombrado a todos los animales, y cuando Eva llegó, no cambió esos nombres; ella los aceptó, reconociendo así el liderazgo de su marido.

4. Eva era indispensable para el plan de Dios.

Este relato también nos enseña que para el plan de Dios era indispensable la existencia de Eva. Por un tiempo muy breve Adán estuvo solo en el paraíso, lo suficiente como para dejarnos ver que eso no era bueno: «Entonces el SEÑOR Dios dijo: "No es bueno que el hombre esté solo; le haré una ayuda adecuada"» (Gn 2:18).

Adán necesitaba una ayuda que fuera idónea para él, alguien que lo complementara. Observemos que Dios no le hizo un grupo de amigos, ni le entregó una mujer con cuatro hijos; hizo solo a la mujer, porque ella era suficiente para complementarlo.

De hecho, la palabra que vemos en este texto que se traduce como «ayuda» viene del hebreo *ezer*. Esta palabra aparece dos veces en el Antiguo Testamento para referirse a la mujer y 16 veces para referirse a Dios. Esto nos demuestra que el hecho de que Dios haya creado a la mujer como ayuda del hombre no la denigra o menosprecia en lo más mínimo. Al contrario, exalta su rol, porque el Dios Todopoderoso, el Alto, el Sublime, el Excelso, también se presenta en la Escritura como nuestro ayudador.

El apóstol Pablo afirma que Eva fue creada a causa de Adán, porque él la necesitaba: «Porque el hombre no procede de la mujer, sino la mujer del hombre. En verdad el hombre no fue creado a causa de la mujer, sino la mujer a causa del hombre» (1 Co 11:8-9).

Eva fue creada a causa de Adán, no para que fuera una figura decorativa o para que se limitara a cocinar mientras Adán hacía todo el trabajo en el huerto. Recuerda que Dios les asignó la tarea a los dos. Rebecca Merkle, en su libro *Eva en el exilio*, dice:

> Eva era esencial para todo el programa de Dios. Adán por sí solo era solo Adán; Adán junto con Eva se convierte en la raza humana. Adán es la bellota solitaria sentada junto al camino, que por mucho que lo intente sigue siendo una bellota. Eva es la tierra fértil que toma todo el potencial que reside en la bellota y la convierte en un árbol que produce millones de otras bellotas y millones de otros árboles. Eva es fecundidad.[2]

El plan de Dios para la creación era imposible sin Eva. Su labor era esencial e indispensable. Luego, en el Nuevo Testamento, vemos cómo Cristo extiende el mandato cultural —del cual hablamos en el capítulo 1— a través de la gran comisión en Mateo 28. Allí, Él le ordena a Su iglesia: «Hagan discípulos de todas las naciones». Ese mandato es tanto para hombres como para mujeres.

De manera que el plan de Dios para glorificar Su nombre, tanto en la creación como en la redención, requiere de la participación activa de hombres y mujeres, conforme al rol asignado por Dios: el hombre ejerciendo un liderazgo espiritual como cabeza de su esposa, y la mujer dejándose liderar y complementándolo como su ayuda idónea.

Aquí quiero detenerme y hacer una aclaración. Aunque tú has sido capacitada por Dios para servir y ser de ayuda de muchas maneras, hay un sentido muy particular en el que la esposa es ayuda de su esposo. Es decir, no se refiere a ser ayuda de todos los hombres del planeta ni de todos los hombres de la iglesia. Hago esta aclaración porque la forma en que una esposa es ayuda idónea de su esposo probablemente será diferente en cada matrimonio, porque no todos los hombres somos iguales, ni compartimos la misma vocación ni tenemos las mismas fortalezas o debilidades.

Por ejemplo, no es lo mismo ser la ayuda idónea de un ingeniero que de un pastor. Yo puedo decir que mi esposa, como ayuda idónea, ha sido una bendición para mi ministerio de muchas maneras. Eso es hasta cierto punto injusto, porque las personas ven al hombre que predica, pero no se imaginan toda la labor que tiene que hacer la mujer para que ese hombre pueda ir y hacer lo que tiene que hacer.

De hecho, no conozco a nadie que haya ayudado tanto a mi ministerio como mi esposa. Aunque ella no es predicadora, es muy buena oyente. Recuerdo que cuando comencé mi ministerio, hablaba muy rápido y alzaba mucho la voz. A veces mi esposa, muy tiernamente, me decía: «El contenido de tu sermón este domingo fue muy bueno, edificante, pero me faltó ver un poco de la ternura de Jesús». Esas palabras comenzaban a trabajar en mi corazón, de manera que procuraba y oraba para ser más tierno al predicar. Eso es lo que hace una ayuda idónea.

Pero volvamos al relato de la creación. Allí tenemos a dos seres humanos que comparten el mismo valor y la misma dignidad, pero a quienes Dios asignó roles diferentes. Esto no fue un accidente; es el diseño original de Dios para reflejar la gloria del Dios Trino de una manera única y maravillosa, a través de la unión complementaria entre el hombre y la mujer.

Pablo expresa en 1 Corintios 11 que Cristo es la cabeza de todo varón y que el varón es la cabeza de la mujer, y más adelante dice que Dios es la cabeza de Cristo. Si la mujer fuera un ser inferior por el hecho de que el hombre es su cabeza, eso querría decir que Dios el Hijo es menor que Dios el Padre, porque Dios el Padre es la cabeza de Cristo. Pero esto de ninguna manera es así. No se trata de inferioridad o superioridad, sino de una sumisión entre dos personas iguales.

Leemos en Filipenses 2:5-7: «Haya, *pues*, en ustedes esta actitud que hubo también en Cristo Jesús, el cual, aunque existía en forma de Dios, no consideró el ser igual a Dios como algo a qué aferrarse, sino que se despojó a Sí mismo tomando forma de siervo».

Cristo es igual a Dios, pero voluntariamente se sometió al Padre. De la misma manera, Él llama a la esposa a que haga exactamente lo mismo con su esposo. Debemos comprender que el hombre y la mujer juntos potencializan la gloria de Dios, porque muestran en una forma concreta y única el tipo de relación que existe entre las tres personas de la Trinidad: tres personas distintas, pero un solo Dios. Por tanto, insistir en que una mujer se parezca a un hombre o que se comporte como tal, destruye la belleza que solo puede producirse en esa unidad en la diversidad.

Es como la belleza y la armonía que experimentamos al escuchar a un coro interpretar una melodía con voces distintas —soprano, contralto, tenor—. De la misma manera, Dios nos diseñó para formar un coro hermoso considerando nuestras diferencias, para cantar al unísono, pero cada uno desde la identidad sexual con la que fuimos creados.

5. Creados para gravitar en dos esferas de trabajo distintas.

Adán fue creado fuera del huerto y luego Dios lo llevó a su lugar de trabajo (Gn 2:8, 15). En cambio, Eva fue creada dentro del huerto para llevar a cabo una labor que gravitaba en torno a ese lugar. Es por esta razón que más adelante, cuando Dios trae Su juicio sobre ellos por el pecado, Eva fue castigada en el contexto de su labor: «… En gran manera multiplicaré / Tu dolor en el parto, / Con dolor darás a luz los hijos. / Con todo, tu deseo será para tu marido, / Y él tendrá dominio sobre ti» (Gn 3:16), mientras que Adán fue castigado en el contexto de su trabajo: «… Maldita será la tierra por tu causa;

/ Con trabajo comerás de ella / Todos los días de tu vida» (Gn 3:17).

En este punto considero pertinente hacer una aclaración: no estoy diciendo que la mujer no puede hacer otra cosa que no sea cuidar la casa. Lo que estoy diciendo es que la mujer fue creada para llevar a cabo una tarea muy peculiar como dadora de vida, y que gravita en torno a su hogar.

> Asimismo, las ancianas deben ser reverentes en su conducta, no calumniadoras ni esclavas de mucho vino. Que enseñen lo bueno, para que puedan instruir a las jóvenes a que amen a sus maridos, a que amen a sus hijos, *a que sean* prudentes, puras, hacendosas en el hogar, amables, sujetas a sus maridos, para que la palabra de Dios no sea blasfemada (Tit 2:3-5).

Dios le dio a la mujer el privilegio de ser dadora de vida, y esto debe ser motivo de gozo. De hecho, lamentablemente en Israel muchas veces las mujeres estériles eran despreciadas. Tan marcado era este menosprecio, que en Salmos 113 —un cántico que celebra cómo Dios exalta a los humildes y da honra a los despreciados— se incluye explícitamente a las mujeres estériles:

Hace habitar en casa a la mujer estéril,
Gozosa *de ser* madre de hijos.
¡Aleluya! (Sal 113:9).

Pero en el mundo actual, muchos consideran denigrante que una mujer sea una «simple ama de casa». De hecho, algunos se atreven a decir que las amas de casa no trabajan, como lo hace una profesional. Decir eso sí es rebajar el valor a la mujer, porque lo que estamos aprendiendo es que el Dios de toda sabiduría ha colocado el hogar en el centro de la sociedad humana, y la mujer es el epicentro de ese centro. Ese es el lugar privilegiado que Dios ha dado a la mujer, porque el hogar es mucho más que paredes y techo, es un refugio donde las personas se nutren, se protegen, descansan, se desarrollan, maduran y crean poderosos vínculos de lealtad; o al menos así debería ser.

Tu labor como mujer es vital para que eso ocurra. Es en el hogar donde la teología se hace palpable al mostrar que Dios es bueno, generoso, paciente. Por ejemplo, cuando entras al cuarto de tu hijo adolescente y parece que ahí explotó una bomba nuclear, pero eliges mostrar la paciencia de Dios, ahí estás llevando pura teología. Cuando preparas una comida o cuando cuidas de tu familia, estás reflejando a ese Dios que es nuestro ayudador, que nos guarda y que nos cuida como a la niña de sus ojos. Puedes y debes usar en tu hogar todo tu potencial: tu creatividad, tu talento, tu inteligencia, tu sabiduría, tu conocimiento de las Escrituras, tu conocimiento de la teología. Todo eso tiene un propósito: hacer de tu hogar un refugio donde las personas florezcan y fructifiquen.

De ahí la importancia de que tú, como mujer, estés instruida teológicamente. Estás llamada a mostrar quién es Dios, qué hace y cómo es, a través tu carácter y tus obras. Por supuesto, eso no lo haces únicamente en tu casa; también lo haces al discipular y servir a otras mujeres en la iglesia. Pero recuerda: tu órbita principal es tu hogar.

Rebecca Merkle dice: «La teología es un río. Las mujeres son las que cavan los canales que llevan el agua de ese río a cada parte del jardín».[3] Eso es lo que estás haciendo en tu casa: cavando canales para que ese río fluya.

Piensa en esto: el Dios de toda sabiduría ha escogido a la mitad de la raza humana, a las mujeres, para que sean cuidadoras del hogar. ¿Por qué? Porque Él sabe que el hogar ocupa un lugar prominente; es un espacio estratégico para que Su obra avance.

Es un privilegio ser ama de casa. Afirmar lo contrario es lo verdaderamente denigrante. De nuevo, eso no quiere decir que el trabajo de la mujer se limite a su casa o que, en ninguna circunstancia, pueda trabajar fuera del hogar. No todas las mujeres están en la misma condición, ni todas las mujeres están en la misma etapa de la vida. Parte de esta realidad es lo que vemos en Proverbios 31: ahí no se nos narra lo que una mujer hace en un día, sino lo que una mujer hace a lo largo de las diferentes etapas de su vida.

Lo que quiero enfatizar con todo esto es que decirle a una mujer que el trabajo en la casa es inferior, y que tiene que salir de su casa para «realizarse» como mujer y desarrollar su potencial, es una mentira diabólica. Es un ataque directo al diseño de Dios en general, y a las mujeres en particular.

EL CAOS DEL PECADO Y LA PROMESA DE RESTAURACIÓN EN CRISTO

Hemos visto el hermoso y perfecto diseño original de Dios para la mujer. Ahora quiero que veamos el caos que produjo el pecado y la promesa de restauración en Cristo.

> La serpiente era más astuta que cualquiera de los animales del campo que el Señor Dios había hecho. Y dijo a la mujer: «¿Conque Dios les ha dicho: "No comerán de ningún árbol del huerto"?». La mujer respondió a la serpiente: «Del fruto de los árboles del huerto podemos comer; pero del fruto del árbol que está en medio del huerto, Dios ha dicho: "No comerán de él, ni lo tocarán, para que no mueran"». Y la serpiente dijo a la mujer: «Ciertamente no morirán. Pues Dios sabe que el día que de él coman, se les abrirán los ojos y ustedes serán como Dios, conociendo el bien y el mal». Cuando la mujer vio que el árbol era bueno para comer, y que era agradable a

los ojos, y que el árbol era deseable para alcanzar sabiduría, tomó de su fruto y comió. También dio a su marido que estaba con ella, y él comió (Gn 3:1-6).

Observemos lo que se está narrando en este texto. Eva sabía que Dios había dado una orden muy clara con respecto a ese árbol, pero ahora ella se coloca en la posición de decidir quién tiene la razón: ¿Dios o la serpiente? Eva no actuó como una criatura dependiente de Dios, sino como un ser autónomo que no solamente podía decidir por sí misma lo que está bien y lo que está mal, sino que también podía reinventarse. En ese momento, Eva decidió asumir el liderazgo en el huerto, y Adán decidió claudicar de su autoridad y seguir la voz de su mujer.

Ahora bien, quiero aclarar algo: el pecado de Adán no consistió en haber escuchado la voz de su esposa, sino en haber aceptado la invitación de Eva a pecar contra Dios —violando el mandamiento de no comer del árbol prohibido— en lugar de defenderla del ataque de Satanás.

Pablo dice en 1 Timoteo 2:14 que Adán no fue engañado cuando comió del árbol, Eva fue engañada, pero Adán escogió desobedecer para seguir a su esposa. Por eso Dios dice en Gn 3:17:

> Entonces el Señor dijo a Adán: «Por cuanto has escuchado la voz de tu mujer y has comido del árbol del cual

te ordené, diciendo: "No comerás de él", / Maldita será la tierra por tu causa; / Con trabajo comerás de ella / Todos los días de tu vida».

El pecado solo produce desgracia y destrucción. Cuando Dios confrontó a Adán por su desobediencia, Adán le echó la culpa a Dios de haberle dado a la mujer: «La mujer que Tú me diste por compañera me dio del árbol, y yo comí» (Gn 3:12). Ahí, el hombre se convirtió en un agresor de la mujer, y por supuesto, Eva también sufrió las consecuencias de su rebelión:

A la mujer dijo:
«En gran manera multiplicaré
Tu dolor en el parto,
Con dolor darás a luz los hijos.
Con todo, tu deseo será para tu marido,
Y él tendrá dominio sobre ti» (Gn 3:16).

Es muy probable que lo que Dios le estaba diciendo a Eva fuera: «De ahora en adelante vas a tratar de controlar a tu marido, y muchas veces él va a usar, de manera pecaminosa, su autoridad para someterte». Lamentablemente ese es el mundo caído en el que vivimos por causa del pecado. Fue ahí donde comenzó la batalla de los sexos, que se agudizó e intensificó con el movimiento feminista.

Quiero presentar un breve esbozo de este movimiento para que podamos ver cómo el mundo intenta adoctrinar a las mujeres y meterlas en un molde que no corresponde con el diseño de Dios.

Una de las grandes ideólogas del movimiento feminista fue Simone de Beauvoir. En 1949, escribió el libro titulado *El segundo sexo*, en el cual sostiene que este mundo ha sido formado por los hombres para subyugar a las mujeres, a quienes se les ha querido someter a una camisa de fuerza para que cumplan su función de esposas y madres.

Para ella, la solución es destruir la superioridad masculina y rehusarse a moldearse al papel tradicional que se asigna a las mujeres como madres y esposas. Según ella, el aborto debe ser legalizado y el Estado debe asumir la responsabilidad de la crianza de los hijos, porque si no la maternidad se va a convertir en un yugo, y las mujeres seguirán siendo esclavas de los hombres.

Más adelante, en 1963, Betty Friedan escribió el libro *La mística femenina*, en el que propuso las mismas ideas de Beauvoir. Estas dos obras alcanzaron mucha popularidad en los Estados Unidos y desataron una revolución que atacó el matrimonio, la familia tradicional, la maternidad, la distinción entre el hombre y la mujer y, por supuesto, la moral cristiana.

Kate Millett, una de las escritoras más importantes de este movimiento, abogó por una revolución sexual para desaparecer

Del huerto al caos: 67

los tabúes impuestos por el matrimonio heterosexual monógamo. Ella sostenía que había que acabar con el matrimonio tradicional, abogar a favor de la homosexualidad, de las relaciones sexuales entre adolescentes y del sexo libre fuera del matrimonio.[4]

Otras feministas no solo luchan por la abolición del matrimonio y por el aborto, sino que también promueven el odio a los hombres. Recientemente vi una entrevista a un grupo de mujeres a quienes se les preguntó: «¿Qué pasaría si desaparecieran todos los hombres?». La mayoría respondió que este mundo sería mucho mejor.

El feminismo sostiene que, bajo el patriarcado, toda mujer es una víctima. Decía Andrea Dworkin, que cada madre debe odiar a su hijo varón, porque debe ver en él a un abusador y a un violador en potencia.[5] La feminista Robin Morgan afirmó que el odio a los hombres es un acto político honorable, ya que los oprimidos tienen derecho al odio contra la clase opresora (los hombres).[6]

En este punto es importante decir que no estoy negando que haya hombres abusadores, ni estoy apoyando el machismo. El machismo es un mal social de la peor clase, porque el hombre fue creado para amar a su esposa (Ef 5:25) y ejercer un liderazgo en amor no un abuso. Tampoco quiero decir que todas las mujeres que se identifican con el feminismo odien a los hombres o que sean lesbianas.

Mi propósito al esbozar el pensamiento feminista es ayudar a comprender lo que hay detrás de esta ideología, que, en lugar de liberar a las mujeres, no solo ha desvirtuado la verdadera feminidad, sino que también ha sometido a las mujeres a una gran presión.

Hoy en día las mujeres se ven atrapadas entre su vocación de esposas y madres y las demandas de una sociedad que les asigna un valor según su productividad económica.

> Según Sarah Huff —exfeminista brasileña—, el feminismo fue presentado como liberación, pero en realidad convirtió a la mujer en esclava de su ambición, su identidad y su naturaleza biológica, generando conflicto interno entre su papel maternal y conyugal, un empoderamiento ilusorio que produce angustia en lugar de plenitud.[7]

No dejes que estas vanas filosofías te roben la joya preciosa de ser mujer. Ser esposa y madre en un mundo caído es todo un reto, pero es también un gran privilegio que grita a voces que Dios no se equivoca en lo que hace. Dios no se equivocó cuando te hizo mujer.

Elisabeth Elliot dijo una vez: «El pecado condenable de Eva fue la arrogancia. Eva procuró usurpar a Dios, un pecado fatal más allá de lo que pudieran haber imaginado. En su lugar, Eva debió decirle a la serpiente: Déjame ser mujer».[8]

Eso es precisamente lo que cada cristiana está llamada a

decirle a un mundo que quiere introducirla en esta prisión ideológica disfrazada de liberación: «Déjame ser mujer». Es un privilegio ser mujer. Nosotros glorificamos a Dios cuando las mujeres funcionan como mujeres y los hombres funcionan como hombres.

En todo esto, la gran noticia es que Cristo vino a rescatarte de la vana manera de vivir que el mundo promueve, para que puedas funcionar de acuerdo con el diseño original de Dios. De hecho, tan pronto como el pecado entró al mundo, Dios prometió enviar un Salvador que vendría precisamente a través del vientre de una mujer para deshacer las obras del diablo.

Cristo te compró con Su sangre para que puedas exhibir, como mujer, la gloria del Dios que te creó mujer. Si hay algo que el mundo, la iglesia y el hogar necesitan urgentemente, son hombres que reflejen la verdadera masculinidad y mujeres que reflejen la verdadera feminidad.

Dice Proverbios 14:1: «La mujer sabia edifica su casa, pero la necia la derriba con sus manos». Las feministas llevan años demoliendo sus propios hogares y los cimientos de nuestra sociedad occidental, pero nosotros somos la sal de la tierra y la luz del mundo.

Debemos volver a levantar los muros que han sido derribados, pero considerando que destruir y construir son dos actividades muy diferentes que requieren herramientas diferentes. En otras palabras, la solución no está en marchar con pancartas, en gritar, exigir y cabildear.

Sobre este punto, Rebecca Merkle expresa: «Si queremos empezar a construir, tendremos que actuar en fe, llevando a cabo un montón de pequeños y aparentemente insignificantes actos de obediencia. Cada sacrificio, cada acto de obediencia está cimentando otro ladrillo en la pared».[9]

Si estás ahí en casa con tres niños, posiblemente nadie te está viendo, pero tú estás formando a la siguiente generación. Estás con tres almas inmortales, mostrándoles quién es Dios, la gloria de Jesucristo ¿Hay una labor más noble que esa? Es a través de pequeños actos de obediencia que vamos a comenzar a reconstruir esos muros.

Anímate a vivir tu feminidad delante de un mundo que necesita desesperadamente que la mujer vuelva a su puesto de combate. Lo peor que puede hacer un soldado es abandonar la posición de combate donde su general lo colocó, y tu general es Jesucristo. Quédate allí, no lo abandones por más difícil que sea, porque es tu privilegio. Hazlo viviendo por fe, no por vista, y en dependencia del Espíritu Santo, para la gloria de Dios.

Quiero decirte que si al leer todo esto te has sentido convicta de pecado o tal vez has podido identificar cómo el feminismo ha comenzado a introducir su veneno ideológico en tu vida, recuerda 1 Juan 1:9: «Si confesamos nuestros pecados, Él es fiel y justo para perdonarnos los pecados y para limpiarnos de toda maldad».

¡Levanta las rodillas caídas y sigue corriendo la carrera con los ojos puestos en Jesús, el autor y consumador de nuestra fe!

Y entonces, solo entonces, hombres y mujeres actuando como hombres y mujeres, haremos una verdadera revolución, pero para bien, en toda América Latina ¡Que a Dios sea la gloria y solo a Él!

PREGUNTAS DE ESTUDIO

1. ¿Cuáles son las enseñanzas clave que nos ofrecen Génesis 1–2 acerca del diseño original de Dios para la mujer?

2. ¿Qué implicaciones tiene la afirmación de que el hombre y la mujer son iguales en esencia, pero distintos en función o papel?

3. ¿Qué consecuencias espirituales y sociales trajo la inversión de papeles en la caída descrita en Génesis 3?

4. ¿Cómo se contrasta el diseño bíblico de la mujer con las ideas promovidas por el feminismo moderno?

PREGUNTAS DE APLICACIÓN PERSONAL

1. ¿De qué manera has sido influenciada por la visión del mundo sobre lo que significa ser mujer, y cómo ha afectado eso tu manera de vivir?

2. ¿Estás abrazando tu papel de mujer como un regalo de un Dios sabio y bueno, o estás luchando contra él? ¿Por qué?

3. ¿Cómo puedes vivir tu feminidad bíblica de manera más fiel y gozosa en tu hogar, iglesia y sociedad?

4. ¿Qué «pequeños actos de obediencia» puedes comenzar hoy para reconstruir el muro que el pecado y el mundo han destruido en tu vida o en tu entorno?

4

LLANTO EN EL EDÉN:

Entendamos el sufrimiento de la mujer

Miguel Núñez

Comprender la verdad de que somos portadores de la imagen de Dios es fundamental para la manera en la que deberíamos relacionarnos unos con otros, y para la manera en la que nos relacionamos con Dios. No sé si alguna vez has reflexionado con detenimiento sobre la importancia de este principio, pero hoy más que nunca, en un mundo tan violento y sexualizado como el nuestro, es esencial que nos esforcemos por exaltar y restaurar el valor de esa imagen.

Esto es tan importante para Dios que, cuando a Jesús le preguntaron cuál era el mayor de los mandamientos, de manera inmediata respondió: «… Amarás al Señor tu Dios con todo tu corazón, y con toda tu alma, y con toda tu mente» (v. 37). Y sin pausar, inmediatamente agregó: «Y el segundo es semejante a este: amarás a tu prójimo como a ti mismo» (v. 39; cp. Mt 22:36-40).

El primer mandamiento tiene que ver con el carácter de Dios. El segundo mandamiento tiene que ver con la imagen de ese Dios en nosotros.

EL DETERIORO DE LA RAZA HUMANA TRAS LA CAÍDA

Tan pronto como Adán y Eva pecaron, la imagen de Dios en ellos quedó distorsionada. Adán ya no consideró a Eva como su ayuda idónea, ni ella continuó viéndolo de la misma manera. Como vimos en el capítulo 3 de este libro, Adán no protegió a Eva de la conversación que tuvo con la serpiente ni trató de refutar sus palabras. Tampoco intentó impedir que Eva comiera del fruto, a pesar de que estaba junto a ella. De ahí en adelante, vemos a un esposo que acusa a su esposa de haberlo inducido a pecar y luego culpa a Dios de haberle dado a la mujer que lo puso en esa situación.

A partir de ese momento, la mujer comenzó a sufrir las consecuencias de convivir con un hombre caído: egoísta, insensible y pecaminoso, con una fuerza física superior a la suya, que, lamentablemente, ha contribuido con cierta frecuencia a su abuso y maltrato, en ocasiones, de manera brutal.

Podemos ver, entonces, que la caída trajo consecuencias. De hecho, ya no nos percibimos a nosotros mismos como probablemente lo hicieron Adán y Eva antes de la caída. Asimismo, tampoco vemos a los demás de la misma manera.

Ocurrida la caída, vemos que lo que continúa es un deterioro de la raza humana. Apenas unos capítulos más tarde, en Génesis 6:5, leemos: «El Señor vio que era mucha la maldad de los hombres en la tierra, y que toda intención de los pensamientos de su corazón era solo *hacer* siempre el mal».

Poco tiempo después, llegó el diluvio, que arrasó con toda

la raza humana, excepto por ocho personas. Lamentablemente, los descendientes de Noé no lo hicieron mucho mejor. Apenas en Génesis 13:13 leemos: «Pero los hombres de Sodoma eran malos y pecadores en gran manera contra el Señor».

Las hijas de Lot

En Génesis 18, tres seres angelicales visitan a Abraham, cenan con él y le comparten que, como parte del juicio divino, Dios haría llover fuego del cielo y consumiría a dos ciudades: Sodoma y Gomorra, símbolos de la corrupción moral de la raza humana.

Luego, vemos en Génesis 19:1-8 que dos de esos tres ángeles visitaron a Lot:

> Los dos ángeles llegaron a Sodoma al caer la tarde, cuando Lot estaba sentado a la puerta de Sodoma. Al ver*los*, Lot se levantó para recibirlos y se postró rostro en tierra, y les dijo: «Señores míos, les ruego que entren en la casa de su siervo y pasen *en ella* la noche y laven sus pies. Entonces se levantarán temprano y continuarán su camino». «No», dijeron ellos, «sino que pasaremos la noche en la plaza». Él, sin embargo, les rogó con insistencia, y ellos fueron con él y entraron en su casa. Lot les preparó un banquete y coció pan sin levadura, y comieron.

Aún no se habían acostado, cuando los hombres de la ciudad, los hombres de Sodoma, rodearon la casa, tanto jóvenes como viejos, todo el pueblo sin excepción. Y llamaron a Lot, y le dijeron: «¿Dónde están los hombres que vinieron a ti esta noche? Sácalos para que los conozcamos».

Entonces Lot salió a ellos a la entrada, y cerró la puerta tras sí, «Hermanos míos, les ruego que no obren perversamente», les dijo Lot. «Miren, tengo dos hijas que no han conocido varón. Permítanme sacarlas a ustedes y hagan con ellas como mejor les parezca...».

Por favor, detengámonos por un momento para ver lo terrible que está pasando acá: el padre de familia está ofreciendo a sus hijas vírgenes para que una multitud de hombres perversos hagan con ellas como se les antoje. Ellos las podían violar, las podían usar, se las podían rifar, no importa. La Nueva Traducción Viviente dice: «... Déjenme traerlas, y podrán hacer con ellas lo que quieran...» (Gn 19:8).

Y Lot termina diciendo: «Pero no hagan nada a estos hombres, pues se han amparado bajo mi techo» (Gn 19:8b). Una sola frase revela el bajo concepto que se tenía de la mujer en la antigüedad. Lot, como padre, no tuvo ninguna consideración hacia sus dos hijas, tampoco tuvo consideración por el sexo femenino, a quien debía proteger, y quien representa el vaso más frágil (1 P 3:7); ni siquiera mostró consideración por su prójimo. En parte, Lot lo hizo para proteger su propia vida y la de sus visitantes, ya que en la antigüedad los visitantes eran responsabilidad de su anfitrión. Pero no importa si esa era la realidad, lo que Lot hizo fue completamente injustificable y aborrecible.

Su tío Abraham hizo algo similar con su esposa Sara cuando llegó a Egipto. Temió por su vida a causa de la hermosura de Sara y le pidió que dijera que era su hermana. Si bien era cierto que Sara era medio hermana de Abraham, también era su esposa. Bajo ese engaño, el rey Abimelec la tomó por esposa.

Dios, indignado con lo que estaba pasando, se le apareció a Abimelec en sueños esa misma noche y lo amenazó: «… Tú eres hombre muerto por razón de la mujer que has tomado, pues está casada» (Gn 20:3). Ante esto, Abimelec devolvió a Sara a su marido.

Ni Abraham ni Lot mostraron respeto ni protección hacia las mujeres que estaban bajo su cuidado. Sin embargo, Dios hizo por Sara lo que Abraham no hizo. Dios protegió a Su hija porque su esposo no lo había hecho. De la misma manera, el Dios de los cielos puede hacer por ti, en muchas ocasiones, lo que quizá tu esposo no ha hecho.

Permíteme regresar al huerto del Edén por un momento. Cuando Adán acusó a Eva de haber sido la persona que lo indujo a pecar, no la protegió. Él debió haberse hecho responsable del pecado de ambos, ya que era su protector y proveedor. Considero que la acusación de Adán hacia Eva delante de Dios representó el primer abuso emocional después de la caída.

De acuerdo con diferentes fuentes consultadas, el abuso emocional puede ser definido como el acto de hacer que otra persona se sienta menospreciada y rechazada. En ese marco, si la acción de Adán implicó cierto abuso emocional hacia Eva, la de Lot representó un asalto emocional que casi llega a la violencia física y sexual al ofrecer a sus dos hijas como objeto de gratificación sexual. Lot no mostró ningún respeto por la dignidad de la vida humana ni por la dignidad de la imagen de Dios en sus hijas.

Cuando volví a leer este pasaje que ya conocía, mis ojos se llenaron de lágrimas al imaginar el horror que debieron sentir estas dos jóvenes vírgenes al enfrentar la posibilidad de que su suerte quedara en manos de una multitud de hombres perversos.

Solo piensa: si esa es la manera en que tu padre piensa de ti, ¿a qué conclusión llegarías acerca de tu valor como mujer? ¿Volverías a ver a tu padre con respeto? ¿Volverías a depositar confianza en otros hombres? ¿Tendrías el mismo deseo de casarte? Me imagino que ese día las hijas de Lot lloraron mucho y se sintieron profundamente desvalorizadas, desprotegidas, inseguras y heridas por su propio padre.

Quizás esta afrenta de Lot contribuyó a lo que ocurrió después de la destrucción de Sodoma y Gomorra. Una noche, sus hijas lo embriagaron, y la mayor tuvo relaciones con él; de esa unión incestuosa nació Moab. La noche siguiente repitieron el acto con la menor, y de ahí nació Amón.

De Moab salieron los moabitas; de Amón los amonitas.

Ambas tribus le hicieron la vida imposible a Israel por mucho tiempo. Pero creo que el verdadero culpable fue Lot. No solo por haber hecho aquella oferta impensable, sino también por lo que se evidenciaba en su corazón.

En Génesis 13, cuando Abraham y Lot se separan y deben dividir la tierra, Lot eligió la mejor tierra para sí, en lugar de darle la mejor tierra su tío Abraham, quien lo había llevado consigo. Luego extendió sus tiendas hasta Sodoma (Gn 13:12), y poco después ya vivía dentro de la ciudad misma (Gn 14:12).

Lot sembró a Sodoma en el corazón de sus hijas. Primero las ofreció como objeto de gratificación sexual y más adelante, vemos como ellas lo utilizaron como instrumento de reproducción tras embriagarlo. Este episodio dejó consecuencias duraderas para Israel y para toda la región de Medio Oriente.

Cuando un padre no respeta a sus hijas ni las trata con temor y con ternura, ellas crecen con menos respeto hacia la figura masculina. Esto puedo empujarlas hacia la rebelión contra el sexo opuesto (el feminismo), y hacia el empoderamiento del sexo femenino. Pero todo comenzó un día, cuando Adán y Eva fueron tentados, y Adán no llevó a cabo su liderazgo de proteger a Eva y hacer prevalecer la Palabra de Dios.

La historia de Adán, Lot y Abraham —junto con realidades actuales como el abuso o la pornografía— nos recuerdan que necesitamos a Cristo. Solo Cristo, hecho hombre, ha mostrado el verdadero valor, respeto y dignidad por la imagen de Dios en todos los seres humanos. Su encarnación tuvo muchos propósitos, pero el último de ellos fue justamente la redención de la imagen de Dios que Adán y Eva habían dejado caer.

La historia de Tamar

Como vimos anteriormente, Lot había abusado emocionalmente a sus hijas, entendiendo que abusar implica aprovecharse de una posición de poder para controlar a otra persona. Ahora quiero abordar otra historia del Antiguo Testamento, extremadamente chocante, para seguir comprendiendo cómo la caída ha dañado profundamente la imagen de Dios en la mujer.

Amnón, el primogénito del rey David, tenía una media hermana llamada Tamar. Dominado por la lujuria, Amnón ideó un plan perverso: fingió estar enfermo y le pidió a su padre que enviara a Tamar a su casa para que le cocinara. Cuando ella llegó, él insistió en que lo alimentara en la cama:

> Cuando ella se *las* llevó para que comiera, él le echó mano, y le dijo: «Ven, acuéstate conmigo, hermana mía». Pero ella le respondió: «No, hermano mío, no abuses de mí, porque tal cosa no se hace en Israel; no cometas esta terrible ofensa. Pues, ¿adónde iría yo con mi deshonra? Y tú serías como uno de los insensatos de Israel. Ahora pues, te ruego que hables al rey, que él no me negará a ti». Pero él no quiso escucharla; como era más fuerte que ella, la forzó, y se acostó con ella.

> Entonces Amnón la aborreció con un odio muy grande; porque el odio con que la aborreció fue mayor que el amor con que la había amado. Y Amnón le dijo: «Levántate, vete». Pero ella le respondió: «No, porque esta injusticia *que me haces*, echándome fuera, es mayor que la otra que me has hecho». Pero él no quiso oírla. Llamó, pues, a su criado que le servía y *le* dijo: «Echa a esta mujer fuera de aquí, y cierra la puerta tras ella». (Ella llevaba un vestido de manga larga, porque así las hijas vírgenes del rey se vestían con túnicas). Su criado la echó fuera, y cerró la puerta tras ella. Entonces Tamar se puso ceniza sobre la cabeza, rasgó el vestido de manga larga que llevaba puesto, y se fue gritando con las manos sobre la cabeza (2 S 13:11-19).

El texto relata que, como Amnón era más fuerte que Tamar, la forzó y se acostó con ella. Esto nos hace entender que hubo un forcejeo. No sabemos hasta dónde llegó, si la golpeó o no, pero la forzó, y el texto enfatiza que fue «porque era más fuerte que ella»; de lo contrario, él no hubiese prevalecido. En lugar de usar su fuerza física para protegerla, Amnón la utilizó para abusar de su propia hermana.

Tamar le suplicó hacer las cosas de manera correcta, que hablara con su padre, pero Amnón en su insensibilidad e insensatez no quiso escucharla. Tras cometer el abuso, ella le suplicó que no la echara fuera de su casa, porque esa injusticia y afrenta solo empeoraría la primera, por todas las consecuencias que eso traería a su vida. Sin embargo, él volvió a ignorarla y la echó fuera.

Creo que por los próximos días y noches, las imágenes de esa noche, la experiencia y las lágrimas volvieron a repetirse una y otra vez en la vida de Tamar. Después de ese evento, la Biblia no nos dice qué más pasó con ella.

Estas impactantes historias ilustran un claro abuso sexual, físico y emocional. En el caso de las hijas de Lot, fue su propio padre; en el caso de Tamar, su propio hermano. No estamos hablando de enemigos ni desconocidos. Este nivel de perversión humana nos revela que necesitamos a alguien más, alguien que no sea un simple mortal, que pueda identificarse con nuestro dolor, pero que esté por encima de nuestra condición humana.

Lamentablemente, muchas mujeres han vivido experiencias similares o incluso peores. Y luego han guardado silencio, por temor, vergüenza, por el dolor de tener que revivir lo ocurrido, o por temor a que no les crean. Esto genera además una crisis profunda de desconfianza: ¿en quién pueden creer?, ¿en quién pueden confiar?

Para poder comprender mejor este tema, veamos cómo se ha definido el abuso sexual femenino: como cualquier contacto o interacción entre un hombre y una mujer, en el que la mujer es utilizada para la estimulación sexual —ya sea para el beneficio de ese hombre, o de otros hombres o personas— cuando una de las partes está en una posición de poder o control sobre la víctima.

Antes de continuar, quiero que sepas que mi corazón está quebrado al tratar estos temas. No es mi intención avivar tu memoria o tus heridas. Mi deseo es decirte que entiendo, hasta donde mi humanidad y masculinidad me permiten, cuán horrible puede ser cualquier forma de abuso que tú o cualquier mujer haya sufrido. Ni yo, ni muchos otros, somos indiferentes a ese dolor. Y si nosotros, que somos mortales y caídos, no somos indiferentes, ¡cuánto menos lo es el Dios de los cielos y la tierra!

Volviendo al tema, es fundamental dimensionar la magnitud y gravedad de este pecado. Los Centros para el Control y la Prevención de Enfermedades en EE. UU. (CDC, por sus siglas en inglés), han estimado que dos de cada diez niñas han sufrido algún tipo de abuso sexual antes de los 14 años, y una de cada cuatro ha sufrido abuso sexual a sus 18 años.[1] Además, los CDC estiman que actualmente hay en Estados Unidos 39 millones de mujeres sobrevivientes de abuso sexual infantil; de ellas, el 30 % jamás ha dicho una sola palabra sobre lo ocurrido. La vergüenza, las amenazas o el temor a que no les crean, hace que estas mujeres sufran en silencio.[2]

El abuso sexual conlleva una variedad de consecuencias emocionales y psicológicas. Según los mismos CDC, entre ellas se incluyen: temor, ansiedad, retraimiento, síndrome de estrés postraumático, tristeza, depresión, problemas escolares, trastornos alimenticios, una posible actividad sexual precoz o promiscua, desconfianza hacia los hombres, distanciamiento emocional, trastornos del sueño, recuerdos involuntarios recurrentes (*flashbacks*), sentimientos de culpa, fobias, consumo de drogas, tendencias suicidas y disfunción sexual. A muchas víctimas les resulta difícil volver a confiar, no solo en otros hombres, sino también en las personas en general.

La historia de Amnón no solo ilustra el abuso físico (la forzó) y el abuso sexual (la violó), sino que también ilustra el abuso emocional. Después de haber cometido semejante atrocidad, Amnón la aborreció, tanto que la expulsó de su casa como si ella fuera la culpable. ¿Puedes imaginar la profundidad de la herida de Tamar? Fue abusada y luego despreciada. Muchas veces esa es la razón por la que las mujeres abusadas se sienten culpables, porque el abusador frecuentemente les hace sentir que ellas lo provocaron.

El Dr. Tim Clinton, de la Asociación Americana de Consejeros Cristianos, y la Dra. Diane Langberg afirman: «El maltrato emocional es la demolición sistemática de un ser humano mediante el rechazo, la indiferencia, el terror, la exclusión o la corrupción y consiste en utilizar el poder emocional para controlar, manipular e intimidar a la otra persona. Esta clase de maltrato es más sutil que otras formas de abuso, pero no menos pernicioso: aunque tal vez no deje moretones en el cuerpo, pero causa heridas interiores, que no sanan fácilmente».[3]

Este tipo de maltrato es más sutil que otras formas de abuso, pero no menos pernicioso. Aunque tal vez no deje moretones en el cuerpo, sí causa heridas interiores que no sanan fácilmente. Muchas mujeres «pierden la confianza en sí mismas, pierden su identidad personal y la capacidad para desenvolverse por sí solas en sus vidas, especialmente más adelante y sobre todo cuando el maltrato tuvo lugar en la infancia».[4] Según el Departamento de Justicia de Estados Unidos, tres de cada diez chicas universitarias han sufrido daños emocionales al tiempo de ser acosadas.[5]

También tenemos el maltrato físico, del cual hemos hablado poco, que «implica el uso de la fuerza con la intención de intimidar, causar dolor, infligir lesiones o provocar algún tipo de sufrimiento o daño en el cuerpo. Puede llevarse a cabo mediante puñetazos, quemaduras, empujones, mordeduras, zarandeos, retenciones, arañazos, obstaculización del paso de la víctima o palizas utilizando algún tipo de objeto. En esencia, se trata del uso de la violencia física para controlar, manipular o intimidar a la otra persona».[6]

Como ya hemos mencionado, hay una enorme cantidad de problemas que pueden surgir como consecuencia de haber sufrido diversos tipos de abuso. Frente a este panorama, nosotros, hombres y mujeres cristianos, tenemos la responsabilidad de ser sal y luz en un mundo caído, en un mundo donde hay tanto sufrimiento, tanta violencia, tanto dolor, tantas lágrimas, y en particular, donde el vaso más frágil sufre con mayor intensidad.

Hasta este momento hemos hablado de casos particulares que encontramos en la Escritura, pero también estoy consciente de que no todo el mundo sufre igual y no todos han pasado por las mismas experiencias. Vivimos en un mundo de desigualdades, donde hay gente que ha pasado quizás poca dificultad y otros que han tenido enormes traumas.

Entonces, ¿qué puedes hacer si has estado en esa situación? Quiero animarte a través de la misma Palabra, sabiendo que todo ese dolor puede ser sanado por alguien que no es como nosotros. Alguien que es superior a nosotros, pero que nos ama y nos entiende.

HERIDAS SANADAS EN CRISTO

El autor de Hebreos, hablando de aquellos que son tentados en el dolor y el sufrimiento, declara: «Pues por cuanto Él mismo fue tentado en el sufrimiento, es poderoso para socorrer a los que son tentados» (He 2:18).

En otras palabras, el mismo Cristo que fue tentado a «pasar la copa», a no ir a la cruz, a responder de otra manera, pero que cumplió en obediencia perfecta al Padre, es poderoso para socorrer a todos los que son tentados en medio del sufrimiento. Él es esa persona a la que me he referido a lo largo de este capítulo. No es de este mundo, ni un ser humano común y corriente, pero que puede identificarse contigo: Cristo Jesús. Él fue a la cruz, donde sufrió lo indecible, precisamente para rescatar la imagen de Dios en ti. Cristo no solo simpatiza con nuestro dolor y sufrimiento; Él es poderoso para socorrer a quienes son tentados por el dolor.

Más adelante, el autor de Hebreos agrega:

> Teniendo, pues, un gran Sumo Sacerdote que trascendió los cielos, Jesús, el Hijo de Dios, retengamos nuestra fe. Porque no tenemos un Sumo Sacerdote que no pueda compadecerse de nuestras flaquezas, sino Uno que ha sido tentado en todo como *nosotros, pero* sin pecado. Por tanto, acerquémonos con confianza al trono de la gracia para que recibamos misericordia, y hallemos gracia para la ayuda oportuna (He 4:14-16).

Acércate al trono de la gracia, a Aquel que vino a redimir la imagen de Dios que está en ti. Él te va a escuchar, va a sentir por ti, va a ser sensible a tu dolor, porque tiene el poder para hacerlo; y allí, en Su presencia, en lugar de condenación y culpabilidad, vas a encontrar gracia para la ayuda oportuna.

Si bien es cierto, como ya mencioné, que no todos sufrimos de la misma manera, aunque el sufrimiento adopte distintas formas, la consolación, la sanación y la posibilidad de ser redimidos en Cristo son las mismas para todos.

La mejor evidencia de que no todos sufrimos igual es la cruz. Cristo no sufrió lo mismo que la inmensa mayoría de los seres humanos. De hecho, ningún otro ser humano ha sufrido la intensidad con la que Cristo sufrió. Si tú y yo pasáramos por el mismo calvario que nuestro Señor, aun así, lo haríamos como pecadores caídos y merecedores de cierto juicio. Pero Él sufrió como Dios hecho hombre, sin pecado, completamente Santo.

Murió avergonzado, latigado, traicionado, lacerado y finalmente traspasado.

La única razón por la que Cristo colgó en la cruz fue porque el primer Adán no obedeció la voz de Dios ni ejerció su liderazgo cuando su ayuda idónea comenzó a reemplazar la verdad de Dios por la mentira. Entonces, ambos, y con ellos toda la raza humana, terminaron adorando a la criatura en vez de al Creador; y esto es el inicio de la idolatría (Ro 1:25).

Dicho de otra manera, el ser humano, la criatura, cambió la verdad de Dios por la mentira, y en ese acto de rebelión terminó adorando lo creado en vez de al Creador. Esa fue la caída que llevó al segundo Adán a la cruz; para reconstruir y redimir lo que el primer Adán había dejado caer.

Quizás para ti el dolor ya pasó, o a lo mejor el dolor todavía está presente, porque Dios no ha terminado o no ha comenzado a sanarlo. Pero yo quiero decirte que tu dolor, por inmenso que sea, una vez sanado por Dios, es un instrumento poderoso para que otros puedan llegar a creer en Él.

Cuando pasamos por la tribulación y nos acercamos al trono de la gracia, encontramos socorro y consolación de parte de Dios; entonces, habiendo sido consolados por Él, estamos capacitados para ir y consolar a otros con la misma consolación con la que nosotros fuimos consolados (2 Co 1:3-4).

Una de las cosas más valiosas que puedes hacer, luego de haber experimentado la consolación de Dios en medio de tu sufrimiento, es convertirte en un instrumento de Dios para sanación de otros:

> Y nuestra esperanza respecto de ustedes *está* firmemente establecida, sabiendo que como son copartícipes de los sufrimientos, así también *lo son* de la consolación (2 Co 1:7).

Si necesitas una prueba de cómo Dios puede usar nuestras heridas sanadas para que otros lleguen a creer en Él, basta con un solo ejemplo de la Biblia: el apóstol Tomás. Después de la resurrección, cuando Jesús se había aparecido a los demás discípulos y Tomás no estaba presente, él respondió con escepticismo: «... Si no veo en Sus manos la señal de los clavos, y meto el dedo en el lugar de los clavos, y pongo la mano en Su costado, no creeré» (Jn 20:25).

Juan nos relata que ocho días después, Jesús se presentó nuevamente entre ellos, y dijo: «... Acerca aquí tu dedo, y mira Mis manos; extiende aquí tu mano y métela en Mi costado; y no seas incrédulo, sino creyente». Entonces Tomás exclamó: «¡Señor mío y Dios mío!» (cp. Jn 20:27-28).

Observa que Tomás ni siquiera necesitó tocar las heridas del Señor. ¿Qué fue lo que lo convenció a clamar: «¡Señor mío y Dios mío!»? Fueron las heridas sanadas de Cristo. Él sufrió por ti, fue herido por ti, pero está vivo y reinando en los cielos.

La Biblia revela, con lujo de detalles, que este es un mundo marcado por dolor, donde tendremos aflicción. Sin embargo, también nos muestra que nuestra aflicción tiene un propósito.

Filipenses 1:29 declara que se nos ha concedido —se nos ha dado un privilegio— no solo creer en Cristo, sino también sufrir por Él.

En ese mismo sentido, el apóstol Pablo decía que se gloriaba en sus debilidades. Y si hubo alguien que fue herido —física, emocional y espiritualmente— fue él. Pero Pablo descubrió algo que tú y yo tenemos que aprender —y que, en mi caminar con Dios, he ido aprendiendo también—: hay cosas de Dios que no llegaremos a conocer sino en medio del dolor y del sufrimiento.

Hay maneras de conocer a Dios que no podemos experimentar, ni pueden ministrarnos, sino hasta que estemos en el valle del dolor y del sufrimiento. Es allí donde experimentamos el poder que tiene el Espíritu de Dios, por la obra de Cristo, para sanar nuestras heridas; y no solamente para sanarnos, sino incluso para ministrarnos mientras las heridas todavía están presentes.

Recuerdo un tiempo de tribulación y dolor físico por el cual atravesé. No me detendré en todos los detalles, pero había perdido temporalmente la visión del ojo izquierdo debido a una hemorragia en la retina. Con el tiempo, perdí completamente la visión de ese ojo, lo que eventualmente requirió una cirugía para recuperar completamente la visión. Al mismo tiempo, enfrentaba otros problemas que culminaron con una operación de espalda.

Días después de regresar de mi cirugía, prediqué a la iglesia un mensaje titulado: «Fue bueno para mí ser afligido». No puedo expresar con palabras lo bueno que fue ese tiempo, tanto durante como después de la aflicción. No lo cambiaría absolutamente por nada. Dios nos capacita de esa manera para conocerlo tan íntimamente, que entonces podemos ser sal de la tierra y luz del mundo.

MINISTRADOS EN EL DOLOR PARA SER SAL Y LUZ EN ESTE MUNDO

Cuando los primeros misioneros comenzaron a llegar a la India, se encontraron con la costumbre de que cuando moría el esposo, la esposa era quemada o enterrada viva para que acompañara a su esposo en el viaje de la muerte. Pero cuando era la esposa quien moría, al esposo no lo quemaban, ni lo enterraban vivo. Fue gracias a la intervención de los primeros cristianos que llegaron a esa tierra, y que, colaborando con las autoridades de aquel país, lograron suprimir aquella práctica tan cruel. Tú y yo tenemos una responsabilidad en este mundo: aminorar la oscuridad.

William Wilberforce luchó por 26 años en el Parlamento de Inglaterra para abolir la esclavitud. No sé cuántos años más hubiese durado la esclavitud, de no ser porque un hombre se tomó en serio ser sal de la tierra y luz del mundo. Este hombre era un hermano nuestro que se congregaba en la iglesia que pastoreaba John Newton, el autor del himno «Sublime gracia», y allí, de alguna manera, entendió que tenía que hacer algo por las personas oprimidas y abusadas que vivían en esclavitud.

Ante el dolor y el sufrimiento, tú tienes un Sumo Sacerdote a quien puedes apelar: un Dios que se hizo hombre y que tiene un concepto de ti muy distinto al que tienen el resto de los hombres.

La mujer pecadora

En Lucas 7 se nos narra que una mujer pecadora (un eufemismo para no decir prostituta), se acercó a Jesús durante la cena en casa de un fariseo. Si en el texto fue clasificada como una mujer pecadora, probablemente lo era. Posiblemente, dada la cultura, fue una mujer muy abusada por muchos hombres que pasaron por su vida.

Pero un día, ella oyó de este hombre, Cristo Jesús, que era distinto a todos los demás. Venciendo el miedo, entró en medio de una reunión de hombres, se abrió paso, se postró a Sus pies y lloró. Con sus lágrimas los mojó, con sus cabellos los secó. Fue duramente criticada, pero en la presencia de Jesús, escuchó palabras que nadie más le había dicho: «… Tus pecados han sido perdonados» (Lc 7:48); «Tu fe te ha salvado, vete en paz» (Lc 7:50). Llegó temerosa, pero se fue en paz. Llegó marcada por el desprecio de los hombres, y se fue con un Padre Celestial… y con el Hijo, su abogado defensor ante ese Padre.

Es delante de ese Cristo que quiero animarte a que vayas, porque Él te entiende y tiene todo lo necesario para sacarte de donde estás. Y si ya has salido, puede usarte como bendición en la vida de muchos más, ¿Por qué? Precisamente porque tú eres preciosa a Sus ojos.

La mujer adúltera

¿Recuerdas a la mujer que fue sorprendida en adulterio en Juan 8? Los hombres la trajeron y la acusaron delante de Jesús, probablemente esperando que Él tirara la primera piedra sobre ella, porque había violado la ley. Pero el texto muestra que Jesús se arrodilló y comenzó a escribir algo en el piso. Entonces, de repente, uno a uno, los acusadores comenzaron a irse.

Cuando todos se habían marchado, Jesús le dijo: «… Mujer, ¿dónde están ellos? ¿Ninguno te ha condenado?». «Ninguno, Señor», respondió ella. Entonces Jesús le dijo: «Yo tampoco te condeno. Vete; y desde ahora no peques más» (Jn 8:10-11).

El hecho de que ella fuera sorprendida en adulterio implica que fue encontrada en el acto, pero la trajeron solo a ella, no al hombre que estaba con ella. Eso fue un abuso, porque la ley indicaba que, si había dos fornicarios, ambos tenían que ser juzgados y, eventualmente, apedreados hasta la muerte. No solo ella. Esta mujer que fue traída a Jesús, quizás arrastrada por los cabellos, se fue de Su presencia habiendo escuchado: «Yo tampoco te condeno. Vete; y desde ahora no peques más» (Jn 8:11).

No sabemos con certeza dónde ella terminó, pero imagino que probablemente fue a los pies de Cristo.

La mujer samaritana

Finalmente, quiero mencionarte a la mujer samaritana que encontramos en Juan 4. Ella había tenido cinco maridos, según las palabras de Jesús, y vivía con un sexto hombre que no era su marido. Probablemente esta mujer pasó muchos sufrimientos, dolor, trauma y abusos, ya que no era posible pasar por la mano de seis hombres en la antigüedad sin que estos supieran con quién había estado y asumir que ella no tenía ningún valor.

Pero entonces Jesús la aborda con ternura, desde una posición incluso vulnerable, y le dice: «Dame de beber». Ella le responde: «¿Cómo es que Tú, siendo judío, me pides de beber a mí, que soy samaritana?». Y Jesús le responde: «Si tú conocieras el don de Dios, y quién es el que te dice: "Dame de beber", tú le habrías pedido a Él, y Él te hubiera dado agua viva» (cp. Jn 4:7-10).

Quiero que comprendas que Jesús fue a Samaria expresamente a una cita con esta mujer. Él estaba en Judea, más al sur, y se dirigía hacia Galilea. El pasaje dice: «Y Él tenía que pasar por Samaria». Pero en realidad, eso no era necesario en un sentido geográfico: no tenía la obligación de pasar por Samaria; los judíos usualmente evitaban esa región yendo por la costa del mar o subiendo por el otro lado del Jordán hasta la altura de Galilea, para luego cruzar el Jordán nuevamente.

Sin embargo, Jesús debía pasar por Samaria porque tenía una cita con esta mujer; quería hablar con ella. Cristo se presenta, se le revela, y le dice a esta mujer: «… Todo el que beba de esta agua volverá a tener sed, pero el que beba del agua que Yo le daré, no tendrá sed jamás, sino que el agua que Yo le daré se convertirá en él en una fuente de agua que brota para vida eterna» (Jn 4:13-14).

El texto no nos brinda detalles de la conversión de esta mujer, pero los asumimos por múltiples razones. En primer lugar, porque Jesús expresamente pasó por Samaria para hablar con ella y revelarse como el Redentor. En segundo lugar, porque si sigues leyendo la historia, se nos dice que muchos de los samaritanos creyeron en Jesús por la palabra de la mujer que daba testimonio de Él (Jn 4:41-42). ¿Ahora entiendes por qué Jesús tenía que pasar por Samaria?

Eso significa que ella no solo compartió su encuentro con Cristo, sino, probablemente, también su historia: la de los seis hombres, el rechazo, el quebranto... y luego la ternura de un hombre que, conociéndolo todo de ella, le ofreció agua de vida. Dios la usó. Una mujer marginada se convirtió en misionera. A través de su testimonio, muchos samaritanos —una raza despreciada en aquel tiempo— vinieron a la fe.

Tu herida, tu experiencia, tu abuso, el maltrato y el desprecio que has sufrido, pueden ser usados por Dios enormemente. Porque justamente es en vasos de barro, frágiles, agrietados, donde el poder de Dios se puede ver con mayor belleza; y donde se muestra con mayor despliegue lo que ese poder puede hacer.

Es tomando tus heridas sanadas en Cristo que puedes convertirte en embajadora del Señor, apelando a otros como si Dios mismo rogara por medio de ti: «... ¡Reconcíliense con

Dios!» (2 Co 5:20). Y llegará el día —o tal vez ya ha llegado— en que puedas mirar hacia atrás y decir: «Fue doloroso, fue terrible, pero cuando considero la cruz y considero a Aquel que me sanó, no hay nada del pasado que yo cambiaría hoy, porque yo creo que todo valió la pena, y ahora veo de qué manera Dios me usa para sanar a tantas otras personas por igual».

Que Dios visite tu corazón, tu mente, tu vida, tu familia, tu matrimonio. Que seas sanada en lo profundo, y que seas un testimonio vivo del poder del evangelio, habiendo creído en Aquel que nos dio el evangelio.

PREGUNTAS DE ESTUDIO

1. ¿Qué relación establece el autor entre la imagen de Dios en la mujer y la forma en que ha sido tratada después de la caída?

2. ¿Cómo ilustran las historias de Lot, Tamar y la mujer samaritana la distorsión del valor de la mujer y su restauración en Cristo?

3. ¿Qué papel tiene Cristo, según Hebreos y los Evangelios, en la restauración de la imagen de Dios en las mujeres heridas por el pecado ajeno?

4. ¿Por qué la cruz de Cristo se presenta como la mayor prueba del valor y la dignidad de la mujer?

PREGUNTAS DE APLICACIÓN PERSONAL

1. ¿Qué heridas o experiencias pasadas han afectado la forma en que percibes tu valor y dignidad como mujer?

2. ¿De qué manera puedes comenzar a llevar tus heridas al trono de la gracia con confianza, sabiendo que Cristo puede socorrerte?

3. ¿Cómo podrías usar las heridas que Dios ya ha comenzado a sanar en tu vida para consolar o ayudar a otros?

4. Si conoces a alguien que ha pasado por abuso o sufrimiento, ¿cómo puedes ser sal y luz para esa persona y mostrar el carácter redentor de Cristo?

5

HERIDAS,
pero no olvidadas

Catherine Scheraldi de Núñez

Dios mío, Dios mío, ¿por qué me has abandonado?
¿Por qué estás tan lejos de mi salvación *y* de las palabras
 de mi clamor?
Dios mío, de día clamo y no respondes;
Y de noche, pero no hay para mí reposo.
Sin embargo, Tú eres santo,
Que habitas entre las alabanzas de Israel.
En Ti confiaron nuestros padres;
Confiaron, y Tú los libraste.
A Ti clamaron, y fueron librados;
En Ti confiaron, y no fueron decepcionados
(Sal 22:1-5).

EL CLAMOR QUE TODAS HEMOS SENTIDO

Es posible que en algún momento nos hayamos sentido como David al escribir este salmo: solas, con temor, con dolor; con heridas que reaparecen en nuestra memoria y con la sensación de que ese sufrimiento nunca desaparecerá. Este capítulo busca explorar por qué podemos llegar a sentirnos así, para luego dirigir nuestra mirada hacia la única respuesta que tenemos frente al dolor: Cristo Jesús, nuestro Salvador sufriente, que sabe lo que es ser abusado y abandonado.

Nuestro Salvador conoce nuestro dolor; no hay cicatriz que Jesús no pueda ver ni herida que Él no pueda sanar. Él es nuestra esperanza, y para recibir esa esperanza, debemos buscarlo a Él como el único que no solo conoce nuestro dolor, sino también como el único que puede sanar nuestras heridas. Incluso, es el único que desea usar esas heridas sanadas como testimonio de quién es Él y de lo que es capaz de hacer. Cristo es nuestro refugio y nos envió al Consolador, al Espíritu de Dios, para que podamos vivir en un mundo caído y quebrantado. Las buenas noticias del evangelio nos aseguran, aún en medio del dolor, que la sanación es posible. Para entender cómo esa sanación opera, primero debemos comprender el origen de nuestra herida.

EL DISEÑO QUE SE DISTORSIONÓ

A lo largo de este libro hemos hablado de que nuestro infinito y sabio Dios creó dos sexos a Su imagen y semejanza, con el mismo valor, pero diseñados para desempeñar roles diferentes y complementarios. Al hacerlo, reflejan al mundo cómo es Dios. Por ejemplo, el hombre puede manifestar mejor el poder, la capacidad de confrontar y la independencia; mientras que la mujer puede reflejar mejor el cariño, la capacidad de influenciar y de mantener relaciones.

En el paraíso todo funcionaba perfectamente hasta un día.

Sin embargo, en Génesis 3 se nos revela cómo el pecado entró y trastornó toda la perfección que Dios había creado. El cambio fue tan profundo que ya es imposible vivir nuestro rol sin la morada del Espíritu Santo. ¿Puedes imaginar cómo sería vivir en un mundo perfecto, donde no pienses mal de nadie y nadie piense mal de ti? Yo tampoco. Sin embargo, así vivían Adán y Eva: en una relación tan cercana con Dios que podían oír Su voz de forma audible. Hasta que, un día, todo cambió, y ahora vivimos una realidad muy distinta. Hoy necesitamos aprender a escuchar la voz de Dios a través de Su Palabra, guiados por Su Espíritu.

Dios le dijo a Adán que si comían del árbol del conocimiento del bien y mal, morirían; sin embargo, Satanás engañó a Eva, al plantar una duda en su mente sobre lo dicho por Dios. Le dijo que no morirían y añadió una media verdad: que sus ojos serían abiertos y serían como Dios, conociendo el bien y el mal. Sus ojos fueron abiertos, pero no llegaron a ser como Dios.

Antes de la caída, Adán y Eva reflejaban la semejanza de Dios en su naturaleza: fueron creados sin pecado, con la capacidad de pensar, sentir, relacionarse y ejercer una voluntad libre, no corrompida. Pero después de comer del fruto, Dios mismo declaró: «Ahora el hombre ha venido a ser como uno de Nosotros, conociendo el bien y el mal» (Gn 3:22). Así, llegaron a parecerse a Él en un nuevo aspecto: ahora conocían el mal, algo que nunca antes habían experimentado. Satanás les presentó esto como una bendición adicional, pero ellos no tenían idea del daño que el pecado causaría al entrar en el mundo. Esta desobediencia trajo consecuencias específicas y distintas para el hombre y la mujer, que perduran hasta el día de hoy.

LA DISTORSIÓN EN EL DISEÑO DE LA MUJER

Al entablar esa conversación con Satanás, Eva dispuso su corazón para cuestionar a Dios. Lo que escuchó le pareció agradable y actuó en consecuencia, haciendo una declaración de independencia no solo de su esposo, sino también de su Creador. Esta es una tendencia con la que podemos identificarnos hoy. A menudo, cuando luchamos por el control con nuestros esposos, pastores, padres, líderes o cualquier otra persona, el problema de fondo no es simplemente de autoridad, sino también de rebeldía contra Dios.

¿De dónde viene ese deseo de estar en control? En Génesis 3:16 podemos encontrar respuesta:

> A la mujer dijo:
> «En gran manera multiplicaré
> Tu dolor en el parto,
> Con dolor darás a luz los hijos.
> Con todo, tu **deseo** será para tu marido,
> Y él tendrá dominio sobre ti» (énfasis añadido).

La palabra hebrea para «deseo» que encontramos aquí es *teshucá*. De manera interesante, es la misma palabra hebrea que aparece cuando Dios habló a Caín en Génesis 4:7, solo que allí *teshucá* se traduce en la NBLA como «codiciar»: «Si haces bien, ¿no serás aceptado? Pero si no haces bien, el pecado yace a la puerta y te **codicia**, pero tú debes dominarlo» (énfasis añadido). El enemigo sabía cuál podía ser la debilidad de la mujer: el deseo de dominar; o, como lo llamo yo, nuestra espina en la carne. Satanás, que vino para robar, matar y destruir (Jn 10:10), busca usar esta inclinación para distorsionar el diseño de Dios que representa a Dios mismo. Su plan es mantener a la mujer luchando por un control que va en contra de la voluntad de Dios, una batalla que no puede ganar. Sin embargo, la serpiente no solo distorsionó el rol de la mujer, sino que también afectó el rol del hombre.

LA DISTORSIÓN EN EL DISEÑO DEL HOMBRE

> El Señor Dios tomó al hombre y lo puso en el huerto del Edén para que lo cultivara y lo cuidara (Gn 2:15).

Como acabamos de leer, originalmente Dios puso al hombre en el huerto del Edén «para que lo cultivara y lo cuidara». La palabra hebrea traducida como «cultivar» es *abád*, que significa «servir a otros»; y la palabra para «cuidar» es *shamár*, que significa *estar a cargo para proteger, guardar, vigilar y supervisar.*

Si leemos Génesis 2:15 aplicando estos significados, podría entenderse de esta forma: «Entonces el Señor Dios tomó al hombre y lo puso en el huerto del Edén *para que sirviera a otros y los atendiera, los guardara y los vigilara; para protegerlos*». El liderazgo del hombre debía ser de servicio y protección.

La distorsión en el diseño del hombre reside en la manera de ejercer su liderazgo o dominio. Observemos cómo Dios describe es el dominio bíblico en el Libro de Génesis:

> Y dijo Dios: «Hagamos al hombre a Nuestra imagen, conforme a Nuestra semejanza; y ejerza **dominio** sobre los peces del mar, sobre las aves del cielo, sobre los ganados, sobre toda la tierra, y sobre todo reptil que se arrastra sobre la tierra» (Gn 1:26, énfasis añadido).

La palabra hebrea para «dominio» en este texto es *radá*, la misma que se utiliza en Levítico 25:23: «No te **enseñorearás** de él con severidad, más bien, teme a tu Dios» (énfasis añadido). Antes de la caída, con naturalezas no pecaminosas, el de Adán sería benévolo, pues actuaría como representante de Dios. Sin embargo, en este versículo de Levítico, Dios nos advierte que no ejerzamos dominio sin benevolencia, algo que Eva aún no conocía antes de la caída. Dios fue tan generoso con nosotros en el Edén, que nos advirtió de no comer del árbol del conocimiento del bien y del mal (Gn 2:16-17), porque sabía que existirían formas pecaminosas y diversas de ejercer dominio, e incluso maneras distorsionadas en que Eva podría ejercer su rol de ayuda idónea.

¿Cómo cambió el *radá* después de la caída? Es lo que hemos vivido desde entonces: la manera pecaminosa de ejercer dominio unos sobre otros. Regresemos a Génesis 3:16 y veamos lo que el Señor dijo a la mujer después de la caída, con énfasis en el dominio:

> A la mujer dijo:
> «En gran manera multiplicaré
> Tu dolor en el parto,
> Con dolor darás a luz los hijos.
> Con todo, tu deseo será para tu marido,
> Y él tendrá **dominio** sobre ti» (énfasis añadido).

El dominio original, descrito con la palabra hebrea *radá* (dominio) en Génesis 1:26, era benévolo y representaba el carácter de Dios. Pero tras la caída, el dominio sobre la mujer se describe en Génesis 3:16 con una palabra hebrea diferente: *mashál*, que significa *reinar, dominar, ganar control*. Este tipo de dominio sin benevolencia produce sufrimiento. Por eso, Dios no usó *radá*, sino *mashál*, al describir cómo el pecado afectaría las relaciones.

Esta distorsión en el hombre alimenta desde entonces la batalla de los sexos, creando un ciclo vicioso en el que cada uno lucha por el control. Para romper este ciclo, es necesario restaurar la visión bíblica del liderazgo.

RESTAURACIÓN DE LA VISIÓN DEL LIDERAZGO BÍBLICO

Las enseñanzas del Nuevo Testamento confirman un modelo de liderazgo basado en el servicio y no en la aspereza. Pablo instruye a la iglesia de Éfeso: «... así como la iglesia está sujeta a Cristo, también las mujeres *deben estarlo* a sus maridos en todo» (Ef 5:24); y a los creyentes en Colosa: «Maridos, amen a sus mujeres y no sean ásperos con ellas» (Col 3:19). El liderazgo bíblico no busca controlar, sino servir. Jesús mismo modeló el servicio con autoridad, nunca como un dictador.

Con la caída, la perfecta creación de Dios —representada en esta primera pareja— se apartó de Su diseño. La desobediencia en el huerto fue una traición que terminó afectando el funcionamiento de todo el cosmos. Esto nos lleva a reconocer la urgencia de volver al camino de Dios.

LA URGENCIA DE VOLVER A SU CAMINO

Dios nos advirtió sobre esta distorsión desde el huerto del Edén, y aún hoy sigue advirtiéndonos a través de Su Palabra. Debemos ser intencionales al escuchar Su voz y permitir que transforme nuestra manera de pensar. El problema es que, a nuestros ojos, todo camino parece correcto (Pr 21:2), pero solo los caminos del Señor son verdaderamente rectos. Debemos ajustar nuestros pensamientos a los de Él, y no al revés. Aunque intentemos planificar nuestra propia ruta, si el Señor no interviene, nos dirigimos hacia el fracaso, pues Sus pensamientos y caminos no son los nuestros (Is 55:8).

Dios tiene control absoluto y orquesta todo —incluso lo doloroso— para nuestro bien (Ro 8:28-29). Aunque nos perdona y obra con misericordia, eso no nos exime de sufrir las consecuencias de nuestras decisiones, porque Él es justo (Col 3:25). Y no solo es justo, Él es bueno (Sal 107:1), y las consecuencias que permite nos enseñan y nos santifican en el camino. Sin embargo, en Su bondad, nunca recibimos el castigo que realmente merecemos.

La acción de Eva de tomar el fruto prohibido (Gn 3:6) es un patrón que se repite a lo largo de la historia bíblica y también en la historia secular. No olvidemos que nuestros pecados nunca son privados, sino que afectan a otros. Desde la caída, pecar se ha vuelto natural para nuestra naturaleza corrompida. Sin la ayuda del Espíritu Santo, no solo no podemos entender los caminos de Dios, sino que tampoco deseamos obedecerlos. Cuando esta realidad se multiplica por cada persona en el mundo, comenzamos a entender la magnitud de la maldad en la que vivimos.

¿Qué podemos esperar cuando vivimos en contra de la voluntad de Dios? Dolor, desesperación, rebeldía, heridas, traición, abandonos, abusos, enfermedades, infidelidad, infertilidad, muerte, y mucho más. Este no fue el mundo que Dios creó, sino el resultado de una creación que Adán y Eva corrompieron con el pecado. Y eso es precisamente lo que nosotros seguimos haciendo como sus descendientes.

En este contexto de quebrantamiento, ¿cómo restaura Dios el valor y el propósito de la mujer? La respuesta se encuentra en la vida y obra de Jesús.

JESÚS RESTAURA EL DISEÑO ORIGINAL DE LA MUJER

Tras la caída, aunque la mujer conservó su dignidad ante Dios, el mundo a menudo la ha despreciado. Al estudiar la vida de Jesús, vemos que Su trato hacia las mujeres fue revolucionario para Su época y sigue siéndolo en muchos lugares del mundo actual; Jesús siempre trató a la mujer con dignidad, al igual que lo hizo con los hombres. Él restauró el diseño original de la mujer como coportadora de la imagen de Dios, un diseño dañado primero por Eva y luego por la humanidad.

Desde la creación, Dios dignificó a la mujer, invitándola a participar junto al hombre en el cuidado de la creación. Colocó a María, como madre de Jesús, en el centro de la historia de la redención y, en el ministerio terrenal de Cristo, las mujeres servían activamente y siempre estuvieron a Su alrededor. Por diseño, la mujer es dadora de vida, tanto física como espiritualmente. En los tiempos de Jesús, oraban, enseñaban a otras, ofrecían asistencia financiera y servían, e incluso Jesús les permitió expresar su comprensión teológica, como lo hizo con Marta y María.

El ejemplo de Lidia en el Libro de Hechos muestra cómo una mujer puede servir a los propósitos de Dios desde su rol complementario, apoyando al ministerio y abriendo su casa a la iglesia.

Cuando imprimimos el carácter de Dios en cualquier tarea y buscamos reflejarlo desde nuestro rol, estamos ejerciendo nuestra función de ayuda idónea, nuestro *ezer*. Eso es lo que nos hace únicas, distintas del hombre y capaces de servir como su complemento.

Como mujeres, tenemos una posición dada por Dios para influenciar y servir a otros, para que Él cumpla Sus propósitos en y a través de nosotras: «Porque somos hechura Suya, creados en Cristo Jesús para *hacer* buenas obras, las cuales Dios preparó de antemano para que anduviéramos en ellas» (Ef 2:10).

Dios, por medio de Jesús, reveló Su visión de la mujer: amada, con un diseño único y con la capacidad de reflejarlo en este mundo —a pesar de los abusos y maltratos—, sabiendo que ese poder no proviene de nosotras (Jn 15:5), sino del Espíritu Santo que mora en cada creyente. Con esta verdad en mente, podemos preguntarnos: ¿cuál debe ser nuestra respuesta ante el sufrimiento?

¿CUÁL DEBE SER NUESTRA RESPUESTA?

Solo Jesucristo puede tomar el dolor, el desprecio y los malos tratos y transformarlos para nuestro bien. Él puede reemplazar nuestra culpa y vergüenza con gozo y libertad. Pero para que esto suceda debemos llevarle nuestro dolor.

Es el único que nos da la capacidad de seguir viviendo con gozo —aun en el mismo lugar— a pesar del dolor y las heridas del pecado, porque Él es el único sanador. Pero debemos llevar ese dolor hacia Él. Dios utiliza los eventos difíciles que nos ocurren para moldearnos a la imagen de Cristo.

Recordemos que, en este mundo caído, atravesamos circunstancias dolorosas como consecuencia:

- del pecado de Adán y Eva,
- del pecado de otros (mis padres, mi cónyuge, mis hijos y otros),
- de mi propio pecado,
- de desastres naturales en un mundo disfuncional,
- de enfermedades en un cuerpo que envejece
- y de muchas otras causas.

Regresemos al Salmo 22, donde David clama: «Dios mío, Dios mío, ¿por qué me has abandonado?» (vv. 1-2). Esas palabras escritas por David son las mismas que Jesús citó estando clavado en la cruz. Desde una perspectiva teológica, entendemos que en ese momento Dios Padre permitió que Su Hijo sintiera el peso de la soledad, al cargar con la culpa de nuestros pecados como nuestro representante.

Muchas nos hemos sentido así, clamando a Dios y escuchando solo silencio. Esa sensación de abandono es consecuencia de vivir en un mundo caído y en cuerpos también afectados por la caída. Aunque nuestra mente sabe que Dios está presente

(Sal 139), sentir Su consuelo es diferente. Por eso, en Su misericordia, Dios nos enseña a caminar por fe y no por vista. Él siempre está más cerca de lo que sentimos. Cuando no puedas percibir a Dios con tus emociones, abrázalo con tu fe.

Veamos hacia dónde dirigió David su mirada en medio de su angustia: «Sin embargo, Tú eres santo, que habitas entre las alabanzas de Israel» (Sal 22:3). Aunque no sentía la cercanía de Dios, se aferró a la verdad que había guardado en su corazón. De igual manera, debemos recordar lo que Dios dice, no lo que sentimos. David se recordó a sí mismo la fidelidad de Dios con sus antepasados:

> En Ti confiaron nuestros padres;
> Confiaron, y Tú los libraste.
> A Ti clamaron, y fueron librados;
> En Ti confiaron, y no fueron decepcionados
> (Sal 22:4-5).

En nuestra naturaleza caída, lo fácil es preguntar: «Si Dios es bueno, ¿por qué permitió esto?». Esa es la carne hablando. En cambio, debemos hacer como David: hablarnos la verdad a nosotras mismas, tal como hizo el salmista:

> ¿Por qué te desesperas, alma mía,
> Y por qué te turbas dentro de mí?
> Espera en Dios, pues lo he de alabar otra vez.
> ¡*Él* es la salvación de mi ser, y mi Dios! (Sal 42:11).

Cuando nos quejamos, solo nos oímos a nosotras mismas. Pero cuando recordamos la Palabra y la repetimos, nos hablamos verdad. Una cosa es oírte y otra hablarte... recordarte lo que Dios ha dicho. Debemos usar las armas espirituales que Dios nos ha dejado en Su Palabra:

> Porque las armas de nuestra contienda no son carnales, sino poderosas en Dios para la destrucción de fortalezas; destruyendo especulaciones y todo razonamiento altivo que se levanta contra el conocimiento de Dios, y poniendo todo pensamiento en cautiverio a la obediencia de Cristo (2 Co 10:4-5).

Si atravesamos la tribulación en fe y confiamos en Su presencia —aunque no la sintamos— aprenderemos la lección que Él nos está enseñando. Lo cierto es que, aunque creemos estar aferradas a Dios con nuestras últimas fuerzas, cuando ya no podemos más, descubrimos que en realidad era Él quien nos sostenía. Cuando no podemos más, Él sí puede.

Nuestro sufrimiento nunca es en vano; siempre tiene un propósito, aunque a menudo no lo veamos (Ro 8:28). Al ampliar nuestra perspectiva para incluir la eternidad, nuestra visión de la prueba se transforma. Dios no es un ogro, sino un Padre que camina con nosotras mientras sufrimos. No podemos ser olvidadas, porque Él nos ha grabado en las palmas de

Sus manos (Is 49:16), y Su supuesto silencio nunca durará para siempre.

Entonces, ¿cómo podemos experimentar Su presencia en medio del dolor? Jesús dijo: «El que tiene Mis mandamientos y los guarda, ese es el que me ama [...] y Yo lo amaré y me manifestaré a él» (Jn 14:21). La obediencia es clave. Pedro explicó que el sufrimiento tiene un propósito: después de haber sufrido un poco de tiempo, Dios mismo nos perfeccionará, afirmará, fortalecerá y establecerá (1 P 5:10). A veces, lo que Dios busca cambiar no es el evento, sino a la persona. Como lo expresó Chuck Swindoll en una ocasión: «Lo que sufrimos es 10 % relativo a lo que nos acontece y 90 % es nuestra reacción al mismo».[1]

Quiero darte un ejemplo de esa perspectiva: mi esposo ha decidido que no se ofenderá, no importa lo que ocurra. Perdonará de inmediato. He visto que incluso cuando alguien intenta dañarlo, no se inmuta. Él dice: «Si Dios controla todo y lo ha permitido, entonces tiene un propósito». Y comienza a buscarlo.

En la Biblia encontramos varios ejemplos de obediencia en medio de la adversidad. El apóstol Pablo es un ejemplo poderoso: sufrió azotes, golpizas, naufragios y peligros incontables. Este es el mismo hombre que escribió: «Por tanto no desfallecemos [...] nuestro hombre interior se renueva de día en día» (2 Co 4:16). Su medida era la eternidad, y supo ver la fe como la definió el autor de la carta a los Hebreos: «La fe es la certeza de lo que se espera, la convicción de lo que no se ve» (He 11:1). Lo que vio cuando fue llevado al tercer cielo seguramente lo mantuvo enfocado en las cosas que Dios ha preparado para los que lo aman (1 Co 2:9). Por eso, cuando sus amigos le pedían que no fuera a Jerusalén, dijo:

> ... ¿Qué hacen, llorando y quebrantándome el corazón? Porque listo estoy no solo a ser atado, sino también a morir en Jerusalén por el nombre del Señor Jesús (Hch 21:13).

Saber que Cristo camina con nosotras marca una diferencia real. Lo vemos en la vida de Jesús. En Getsemaní, angustiado, oró: «Padre [...] no se haga Mi voluntad, sino la Tuya» (Lc 22:42), usando la palabra *pater*, que connota una profunda intimidad. Estaba en comunión con el Padre. Horas después, en la cruz, el Padre apartó Su rostro, y Jesús clamó en arameo —el idioma de su sentir más profundo—: «Elí, Elí, ¿lema sabactani» —que significa—: «Dios Mío, Dios Mío, ¿por qué me has abandonado?» (Mt 27:46).

Observa que Jesús dijo estás palabras de angustia en arameo, no en hebreo, como fue escrito originalmente Salmos 22, como vimos más arriba. Como buen judío de Su tiempo, probablemente había memorizado el texto, pero el hecho de que lo expresara en arameo nos revela algo más profundo: que no recitó desde la memoria, sino que clamó desde lo que sentía usando el lenguaje más común entre las personas de su época.

La diferencia entre ambos momentos es clara. En Getsemaní, Jesús estaba en comunión con el Padre; en la cruz, el Padre había apartado Su rostro. Esa separación fue Su mayor sufrimiento.

En nuestro caso, porque estamos en Cristo, sabemos que Dios nunca estará lejos de nosotras; y podemos decir como Pablo:

> Con Cristo he sido crucificado, y ya no soy yo el que vive, sino que Cristo vive en mí; y la *vida* que ahora vivo en la carne, la vivo por la fe en el Hijo de Dios, el cual me amó y se entregó a Sí mismo por mí (Gal 2:20).

Aunque a veces nos sintamos solas y abandonadas, recordemos que esa no es la realidad; si somos de Cristo, estamos en Cristo, y Cristo está con nosotras.

Tal vez pienses: *¿Cómo puedo tener tanta confianza si no he ido al tercer cielo como Pablo?* Pero Pedro tampoco fue al tercer cielo y vivió con esa misma certeza. Siguió adelante sin importar nada, y entregó su vida por Cristo. Y lo mismo podemos decir de los demás apóstoles, con la excepción de Judas y del resto de los mártires.

Debemos descansar en que nuestro Padre celestial tiene buenas razones para someternos en diversas pruebas. Está comprometido con nuestra santificación, incluso si eso implica sacrificar temporalmente nuestra felicidad.

¿CUÁLES SON LOS FRUTOS DEL SUFRIMIENTO?

El sufrimiento, cuando se enfrenta con fe, nos enseña a responder bíblicamente y no solo emocionalmente. Puede transformarnos, llevándonos de un dolor severo a un gozo profundo, y haciéndonos más piadosas, algo que la comodidad nunca podrá lograr.

La palabra hebrea para el amor fiel de Dios es *kjésed*: un amor decidido, obstinado y pactado por Dios para ser amoroso y tierno con Su pueblo, sin importar lo que hayamos hecho, lo que merezcamos o el costo que eso le implique, incluyendo la cruz.

Este compromiso impulsó a Dios a pagar el precio máximo por Sus elegidos. A través del dolor de Cristo, el amor de Dios proporcionó la expiación del pecado que Su justicia requería. Ese amor merece nuestra devoción y obediencia, incluso en medio de la tribulación. Cuando le entregamos nuestro sufrimiento, Él se encarga del dolor y alivia nuestra carga.

No olvidemos las palabras de Pablo a los Romanos:

> Pero en todas estas cosas somos más que vencedores por medio de Aquel que nos amó.
>
> Porque estoy convencido de que ni la muerte, ni la vida, ni ángeles, ni principados, ni lo presente, ni lo por venir, ni los poderes, ni lo alto, ni lo profundo, ni ninguna otra cosa creada nos podrá separar del amor de Dios que es en Cristo Jesús Señor Nuestro (Ro 8:37-39).

PREGUNTAS DE ESTUDIO

1. ¿Cómo explica la autora el efecto del pecado sobre el diseño original de la mujer, según Génesis 3:16?

2. ¿Qué implicaciones tiene la diferencia entre los términos hebreos radá y mashál para entender el dominio masculino antes y después de la caída?

3. ¿Qué enseña este capítulo sobre la forma en que Jesús restauró la dignidad y el propósito de la mujer?

4. ¿Cómo se conectan Salmos 22 y la experiencia de Cristo en la cruz con el sufrimiento humano?

PREGUNTAS DE APLICACIÓN PERSONAL

1. ¿Hay momentos recientes en tu vida en los que has sentido que Dios estaba en silencio? ¿Cómo respondió tu corazón?

2. ¿Qué pensamientos o patrones en tu vida revelan una lucha por el control, y cómo podrías rendir esa lucha a Dios?

3. ¿De qué forma puedes cambiar tu perspectiva sobre el sufrimiento para ver en él un propósito eterno?

4. ¿Estás permitiendo que Dios use tu sufrimiento pasado como un medio para consolar y servir a otros?

6

CRISTO, IMAGEN PERFECTA:

El restaurador del reflejo divino en la mujer

Miguel Núñez

Tal vez, al atravesar o recordar experiencias dolorosas, has sentido algún tipo de incertidumbre en tu interior. Quizá incluso has llegado a cuestionar la bondad o el propósito de Dios, preguntándote: *¿Cómo es posible que un Dios soberano haya permitido esto en mi vida? ¿Cuál es el propósito de algo tan doloroso? ¿Qué significado tiene haber vivido cosas semejantes?*

Estas preguntas pueden ser válidas si aún no has llegado a comprender muchas de las verdades que Dios ha revelado en Su Palabra. Sin embargo, hay una pregunta mejor que podrías hacerte: *¿Ha mostrado Dios lo suficiente en Su Palabra como para confiarle mi dolor y mis peores experiencias?*

JESÚS TAMBIÉN CONOCIÓ LA ANGUSTIA

En el capítulo anterior se expusieron con honestidad y esperanza muchas de las heridas que han afectado y siguen afectando al corazón femenino. Te invito ahora a considerar cómo ese dolor puede cooperar para tu bien en esta vida mientras Dios te prepara para la vida venidera. Cristo, por medio de Su Espíritu, se encarga de usar ese dolor como instrumento para moldear Su imagen en ti, y también para que tú misma seas usada como instrumento de transformación en la vida de otros.

Reconozco que la lucha interna y la duda ante el dolor son reales, y que mientras estemos de este lado de la gloria, en nuestra naturaleza humana, esa lucha y esas dudas no van a cesar. De hecho, el propio Señor Jesús, en las horas finales de Su encarnación, confesó que Su alma estaba angustiada «hasta la muerte» (Mt 26:38). Esa frase no fue sencilla viniendo de Sus labios.

Pero cuando Él estaba en el huerto de Getsemaní, la intensidad del estrés emocional y físico fue tal que Lucas, quien era médico, dice que Su sudor era «como gruesas gotas de sangre, que caían sobre la tierra» (Lc 22:44). Este es un fenómeno conocido como hematidrosis, que ocurre en animales y humanos debido a hemorragias en las glándulas sudoríparas bajo condiciones de estrés intenso tanto físico como emocional.[1] En la vida de Jesús tenemos una clara demostración de la intensidad de Su sufrimiento.

Sin embargo, también sabemos que, en ese momento, cuando Su experiencia más dolorosa aún estaba por delante, Jesús confió en Su Padre y por eso oró diciendo: «... Padre, si es Tu voluntad, aparta de Mí esta copa; pero no se haga Mi voluntad, sino la Tuya» (Lc 22:42). Allí, Jesús entregó la última fibra de Su voluntad.

La pregunta que debemos hacernos es: ¿qué le permitió al Hijo orar de esa forma al Padre, entregándole toda Su vida y todo Su dolor? Creo que la respuesta es relativamente sencilla: el Hijo conocía el corazón del Padre desde la eternidad y conocía el amor infinito del Padre por Él. Así que, al conocer Su amor, la benevolencia de Su corazón y el hecho de que la voluntad divina siempre será mejor y superior a la voluntad humana —con la cual Él estaba viviendo durante Su encarnación—, prefirió que se hiciera la voluntad de Dios.

No debemos olvidar que Dios es omnisciente, más benevolente, amoroso y santo que cualquiera de nosotros, y que conoce en detalle el propósito por el cual tenemos que pasar por alguna tribulación. En Su amor y en Su gracia soberana, Él ha permitido que la atravesemos.

Dios nos supera en todo el sentido de la palabra. Por tanto, es preferible que sea Él quien decida las circunstancias de nuestras vidas, aun cuando no las entendamos ni podamos ver el propósito detrás de ellas.

Además, debemos ver la vida como una historia o como el drama de la redención. Los dramas o las películas tienen un director y actores. El director asigna a cada personaje un papel determinado, conforme a lo que esa persona es, para el correcto desarrollo de la historia. Así es el drama de la redención.

Dios tiene una meta, posee pasión por ella y va a perseguir esa meta en nuestra vida a través de las diferentes circunstancias que atravesamos.

El teólogo Juan Calvino decía: «Este mundo es el teatro donde Dios ha reflejado Su gloria».[2] Dios deseaba reflejar Su gloria; creó un mundo y, en ese mundo que se constituyó en Su teatro, Él está llevando a cabo Su drama y desplegando Su gloria. Los cielos cuentan la gloria de Dios, los ángeles cantan acerca de ella, y en la cruz, el Hijo desplegó Su gloria, llamando a ese momento: la hora de Su glorificación (cp. Jn 12:23).

En la cruz pudimos ver la gloria del amor de Dios por el hombre, la gloria de Su gracia hacia nosotros, la gloria de Su misericordia para con los pecadores inmerecedores, la gloria de Su poder que sustentó al Hijo mientras sufría, la gloria de Su compasión, la gloria de Su sabiduría al tomar un instrumento de maldición —la cruz— y convertirlo en un instrumento de bendición para muchos y de glorificación para Su nombre.

EL PROPÓSITO ETERNO DETRÁS DE CADA CIRCUNSTANCIA

Así como el Hijo atravesó Su momento más oscuro confiando en el corazón del Padre, ahora veremos cómo esa misma confianza puede surgir cuando comprendemos que todo coopera según un diseño divino.

El apóstol Pablo declaró en Romanos 8:28-30:

> Y sabemos que para los que aman a Dios, todas las cosas cooperan para bien, *esto es*, para los que son llamados

conforme a *Su* propósito. Porque a los que de antemano conoció, también *los* predestinó *a ser* hechos conforme a la imagen de Su Hijo, para que Él sea el primogénito entre muchos hermanos. A los que predestinó, a esos también llamó. A los que llamó, a esos también justificó. A los que justificó, a esos también glorificó.

Este es uno de los pasajes más discutidos, y quizá más controversiales, de la Escritura; pero al mismo tiempo, es uno de los más esperanzadores que los hijos de Dios podemos encontrar.

Podríamos profundizar en muchos aspectos de estos versículos, pero quiero enfocarme en tres enseñanzas que te permitirán verlos como un todo.

TODO COOPERA PARA BIEN

La elección de Dios en la eternidad pasada fue hecha con un propósito específico, el cual es llevado a cabo a través de las circunstancias de tu vida:

Y sabemos que para los que aman a Dios, todas las cosas cooperan para bien, *esto es*, para los que son llamados conforme a *Su* propósito (Ro 8:28).

La frase «todas las cosas» implica absolutamente cada experiencia, cada circunstancia, cada pérdida, cada ganancia, cada decepción, tribulación, accidente, herida, desierto, tormenta, calamidad, carencia, abundancia, trauma físico o emocional, enfermedad. Cada cosa coopera para bien.

Quiero que pienses en esto: Dios te seleccionó, te escogió con un propósito.

Decía alguien que los mejores sermones no se predican desde púlpitos, sino desde camas. Las verdades más profundas han sido enseñadas por corazones humildes que pasaron por el seminario de la aflicción.

Desde que escuché esa frase, comencé a pedirle a Dios: «Señor, si el día de mañana, por alguna razón, Tú determinas que yo termine en una cama, te pido que de alguna forma puedas convertir esa cama en un púlpito, y que yo pueda predicarte de una mejor manera que en toda mi vida anterior. Que comprenda que, en esa cama, lo que yo voy a hacer no debe ser distinto a lo que estoy haciendo ahora. Que pueda glorificarte y poner Tu nombre en alto».

Si crees que todas las cosas cooperan para bien y que Dios te eligió conforme a un propósito, entonces no tienes que verte como una víctima de tus circunstancias. Tú eres una sobreviviente del ataque brutal que Satanás llevó a cabo contra la primera pareja, y hoy eres victoriosa por gracia, en Cristo, por Cristo y para la gloria de Cristo.

Dios sabe que el mayor problema del ser humano no es el sufrimiento físico en este mundo, sino el sufrimiento en la eternidad. El sufrimiento físico que podemos experimentar puede separarnos de la salud física o aun emocional, pero el sufrimiento del alma nos separa de Dios eternamente. Por eso, Dios ha decidido tomar lo peor de esta vida temporal para darte lo mejor de la vida eterna. Eso que el apóstol Pablo, quien sufrió largamente en esta vida, llamó «aflicciones leves y pasajeras» (cp. 2 Co 4:17).

Todo en tu vida contribuye a la realización del propósito que Dios concibió en Su mente desde la eternidad pasada.

SUFRIMIENTO CON PROPÓSITO: EJEMPLOS BÍBLICOS QUE REVELAN EL DISEÑO DE DIOS

En el caso de José, fue la venta por parte de sus hermanos, la acusación de la esposa de Potifar y los años en prisión lo que terminó moldeando su carácter antes de asumir el cargo de administrador y asistente de Faraón. Cada una de esas experiencias cooperó para bien, y de alguna forma Dios se lo reveló a José. Por eso, cuando sus hermanos finalmente se presentaron ante él atemorizados, pensando que se vengaría, José les dijo que, a pesar de toda la iniquidad cometida en su contra, lo que le había ocurrido no tenía que ver con él, sino con un propósito mayor (cp. Gn 45:3-7). Él simplemente era un instrumento de ese propósito, porque Dios permitió todo eso para salvar a una nación entera: Israel. A su vez, esas experiencias de dolor fueron también un medio para formar al hombre que Dios necesitaba al lado de Faraón para llevar a cabo Sus propósitos.

Este mismo principio de sufrimiento con propósito se aplica tanto a hombres como a mujeres. Al igual que Dios usó el sufrimiento de José para salvar a muchos, también usó el dolor de Ana, quien oraba y lloraba desconsolada debido a su esterilidad. Pero cuando Dios decidió responder a sus oraciones, el resultado fue el profeta Samuel, su primer hijo. Ana se desprendió de él cuando tenía apenas dos años y lo entregó al sacerdote Elí para que lo criara. Luego, Dios la bendijo con cinco hijos más (cp. 1 S 2:21), como recompensa a su desprendimiento, hecho con plena confianza en el corazón de su Dios. Asimismo, Dios usó la obediencia silenciosa de María para traer al Salvador al mundo. *Dios no desperdicia las lágrimas de Sus hijas.*

Cuando miramos la cruz, vemos que los padecimientos de Cristo cooperaron, no para Su propio bien —pues no tenía pecado que necesitara ser perdonado—, sino para el nuestro.

En el Libro de Hechos y en las cartas paulinas, vemos que los sufrimientos de Pablo cooperaron para el bien de todos los gentiles, y aún de un número no especificado de judíos. El Señor le dijo a Ananías acerca de Pablo:

> «… Ve, porque él es Mi instrumento escogido, para llevar Mi nombre en presencia de los gentiles, de los reyes y de los israelitas; porque Yo le mostraré cuánto debe padecer por Mi nombre» (Hch 9:15-16).

Pablo entendía perfectamente que debía padecer por Cristo. De hecho, en una ocasión, cuando se proponía ir a Jerusalén, el profeta Agabo y las hijas de Felipe trataron de persuadirlo, porque les había sido revelado que lo apresarían. Pero él les dijo que dejaran de llorar, porque sabía lo que Dios le había revelado: que en todo le esperaban cadenas y aflicciones (Hch 20:23). Aun así, no se detuvo, porque entendía que el sufrimiento era parte de su propósito y su llamado.

Comparto estos ejemplos no para minimizar tu dolor —no puedo imaginar lo que has vivido, y no soy indiferente a tus heridas—, sino para recordarte algo que sí sé con certeza: que Dios puede tomar cada una de esas experiencias, por más duras que hayan sido, y usarlas con propósito. Porque Él ha prometido que *todas* las cosas cooperan para bien.

DIOS OBRA DE MANERA SINÉRGICA: EL VERDADERO SENTIDO DE «COOPERAR»

La palabra «cooperar» que Pablo utiliza en Romanos 8:28 en el idioma original griego es *sunergéo*, de donde proviene el término «sinergia». En esencia, significa que la acción de dos o más causas produce un efecto superior al que se lograría al sumarlas individualmente.

Es como si tú y yo empujáramos una piedra. Tal vez yo podría moverla tres metros y tú cuatro. Si sumamos nuestros esfuerzos por separado, serían siete metros. Pero si actuamos de manera sinergística y la empujamos juntos, probablemente logremos moverla aún más lejos, no solo esos siete metros.

Eso es lo que la palabra «cooperar» significa en Romanos 8:28. De tal forma que el texto no nos dice que todas las circunstancias obran por sí solas para bien, sino que Dios las hace obrar de manera que todas las circunstancias —juntas, ordenadas y usadas por Él— cooperen y produzcan un propósito superior al que sumaríamos con sus beneficios individuales.

LO QUE LA PROMESA DE ROMANOS 8:28 *NO* SIGNIFICA

Es crucial entender lo que la frase «todas las cosas cooperan para bien» *no significa*, para evitar interpretaciones erróneas que pueden llevar a la frustración o a una fe superficial.

- No significa que todo lo que ocurre sea bueno en sí mismo. Hay una diferencia entre un evento y el propósito de Dios para ese evento.
- No significa que el resultado será lo que nosotros consideramos «bueno» o «exitoso». El «bien» se define por el propósito de Dios, no conforme a nuestra conveniencia.
- No implica que entenderemos el porqué de cada circunstancia en esta vida. Aunque José llegó a conocer el propósito de su sufrimiento, eso no implica que siempre lo sabremos.

- No es una promesa de compensación material. Esta enseñanza no afirma que si pierdes algo, Dios te dará una mejor versión a cambio.
- No quiere decir que una vida de obediencia estará libre de grandes problemas. La Biblia sugiere lo contrario: quienes vivieron más piadosamente también enfrentaron más dolor (cp. 2 Ti 3:12).

Cristo mismo lo vivió. Fue crucificado. Pero esa cruz —aparentemente un fracaso— se convirtió en el instrumento de redención y bendición para millones a lo largo de la historia.

Entonces, si todas las cosas realmente cooperan para bien, permíteme decir esto con cuidado: en el sentido último —en el eterno—, para el cristiano, *nada es verdaderamente malo*. Porque todo, incluso lo que no entendemos, está sujeto al propósito divino, cuyo fin es tu bien y el mío.

HERIDAS QUE TESTIFICAN, GLORIA QUE TRANSFORMA

¿Para qué le sirvió a Cristo sufrir lo indecible? Cristo va a heredar una humanidad redimida que, por toda la eternidad, lo va a honrar y a amar.

De hecho, después de que Él ascendió, Pablo nos dice:

> Por lo cual Dios también lo exaltó hasta lo sumo, y le confirió el nombre que es sobre todo nombre, para que al nombre de Jesús SE DOBLE TODA RODILLA de los que están en el cielo, y en la tierra, y debajo de la tierra, y toda lengua confiese que Jesucristo es Señor, para gloria de Dios Padre (Fil 2:9-11).

Cristo ha sido exaltado hasta lo sumo, pero *no hay gloria sin cruz*. No hay sufrimiento en vano que no vaya tras un propósito específico.

Cuando Dios permite tus heridas y luego las sana, tú misma te constituyes en el mejor testimonio ambulante del poder de Dios en la vida de muchas personas.

Y es vital que eso ocurra, porque muchos han *oído* el evangelio, pero pocos han *visto* el evangelio vivido: personas talladas por el evangelio. Personas que lo exhiben de forma hermosa y extraordinaria, para testimonio de muchos otros.

Ese tipo de testimonio solo nace de heridas sanadas por el poder del Espíritu Santo y para la gloria de Dios. Nace a través de personas dispuestas a mostrarle al mundo las heridas de su vida como testimonio del obrar divino. Así, el mundo puede saber que hay un propósito detrás de todo lo que nuestro buen Dios hace o permite.

Si todo lo que vivimos coopera para bien, es porque *fuimos conocidos y amados mucho antes de que comenzaran nuestras historias.*

CONOCIDOS, AMADOS Y APARTADOS DESDE LA ETERNIDAD

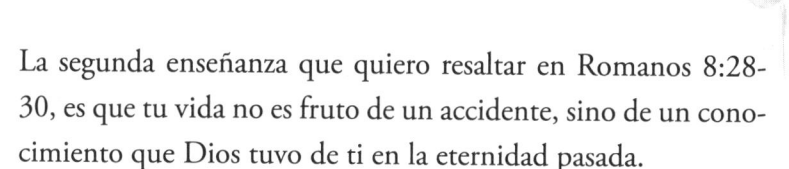

La segunda enseñanza que quiero resaltar en Romanos 8:28-30, es que tu vida no es fruto de un accidente, sino de un conocimiento que Dios tuvo de ti en la eternidad pasada.

Porque a los que de antemano conoció... (Ro 8:29).

Entender esta frase en detalle es vital. La palabra en el idioma original que se traduce como «conocer» es *proginosko*:

- *pro* significa «antes»
- *ginosko* significa «conocer».

Implica conocer algo desde antes de que los tiempos comenzaran. Pero es mucho más que eso. No solo significa «conocer», sino también «amar de antemano, con un amor especial que *te separa del resto*».

Thomas Schreiner, académico del Nuevo Testamento en el Seminario Teológico Bautista del Sur, señala que esta palabra implica elección amorosa y con propósito.[3] En Amós 3:2, Dios dice con relación a Israel: «A vosotros solamente he conocido de todas las familias de la tierra...» (RVR1960).

Aquí, «conocido» no implica ignorancia con respecto a los demás pueblos —Dios conoce a todos—, sino que destaca un conocimiento selectivo y afectivo. Por eso, la Nueva Biblia de las Américas traduce *proginosko* en este pasaje como «escogido»: «Solo a ustedes he escogido de todas las familias de la tierra».

La idea detrás de *proginosko* es que Dios *nos conoció* de

antemano, *nos amó* de forma especial y, como consecuencia, *nos apartó* para Él.

Schreiner también alude a Jeremías 1:5: «Antes que Yo te formara en el seno materno, te conocí; / Y antes que nacieras, te consagré; / Te puse por profeta a las naciones».

Dios le dijo a Jeremías: «Como te conocí, te aparté. Y la razón por la que, habiéndote conocido, te aparté, fue porque te amé».

Ese llamado vino acompañado de dolor, persecución y gran sufrimiento. Jeremías es conocido como el profeta llorón por todo lo que vivió. Su llamado no fue uno de comodidad y prosperidad, pero sí fue predeterminado por un amor eterno.

Comprendiendo mejor este término, volvamos a Romanos 8:29. Dios dice que a los que de antemano conoció, a esos —o sobre esos— *puso Su amor especial*. A esos los apartó en Su mente, en la eternidad pasada para luego hacerlos nacer en tiempo y espacio.

Por eso le dijo a Israel: «… Con amor eterno te he amado; / Por eso te he sacado con misericordia» (Jr 31:3).

Lo que Dios sabe de antemano, *no lo conoce como observador*, sino que lo predetermina y lo forma según Su propósito.

Así que Dios *predeterminó tu salvación*, porque te conoció, te amó y te separó.

Esa es la segunda gran enseñanza de este texto. Y es la razón por la que tu historia —incluyendo tus heridas— no es una casualidad, sino un acto deliberado de amor redentor.

TALLADOS A LA IMAGEN DEL HIJO

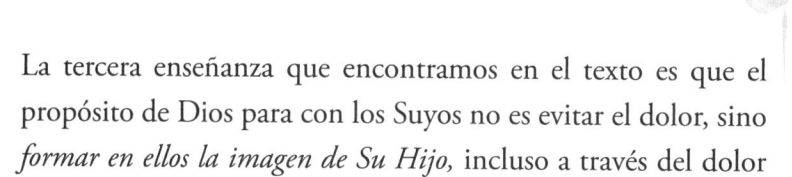

La tercera enseñanza que encontramos en el texto es que el propósito de Dios para con los Suyos no es evitar el dolor, sino *formar en ellos la imagen de Su Hijo,* incluso a través del dolor cuando este llega.

«Porque a los que de antemano conoció, también *los* predestinó *a ser* hechos conforme a la imagen de Su Hijo...» (Ro 8:29).

Dios tiene un propósito, y no va a escatimar ni dolor, ni desiertos, ni pérdidas, ni dificultades, ni aquellas cosas buenas en tu vida para llevarlo a cabo.

Continuamente les digo a algunas personas de nuestra iglesia: «Amo la Iglesia Bautista Internacional, sé que Dios me llamó a fundarla, pero también sé que ese no es el propósito de mi vida. Lo que Dios me ha mostrado en Su Palabra es que Él quiere formar la imagen de Su Hijo en mí —y en otros. Y para que eso ocurra, Él me ha permitido fundar esta iglesia, que preparó de antemano para que caminara en ella (Ef 2:10). De modo que, mientras Dios forma la imagen de Su Hijo en mí, yo pueda llevar a cabo Su propósito para que Él forme la imagen de Su Hijo en muchos otros».

Para eso, Dios tiene *que quitar y poner, permitir e impedir.* Hay quienes deben morir y otros deben nacer. Raquel murió en el parto cuando nació Benjamín. José y Pablo fueron encarcelados injustamente. Pablo incluso escribió la carta del gozo

—Filipenses— desde la prisión, porque conocía los propósitos de Dios.

Allí Pablo dijo que toda la guardia pretoriana sabía por qué estaba encadenado: por causa del evangelio. Él estaba atado a soldados que rotaban constantemente, y ellos se convirtieron en una audiencia cautiva del mensaje del reino. Vemos así uno de los propósitos de su encarcelamiento: llevar el evangelio hasta la guardia pretoriana (cp. Fil 1:13).

Dios te ha regalado una vida —o mejor dicho, te ha prestado una vida—. La pregunta es si estás dispuesta a entregársela, con tus sufrimientos incluidos, para que Él cumpla Sus propósitos.

Recuerda que se nos ha concedido el privilegio de *creer en Él*, pero también el de *sufrir por Él* (Fil 1:29). Es un privilegio ser parte de la instrumentación del Dios soberano, eterno, glorioso y benevolente, para cumplir Sus propósitos.

Pablo entendía este privilegio. Por eso, en Filipenses 3:10 expresa: «*Y* conocerlo a Él, el poder de Su resurrección y la participación en Sus padecimientos, llegando a ser como Él en Su muerte».

Pablo sabía que, a través del sufrimiento, llegamos a conocer a Dios en formas que jamás podríamos conocer de otra manera. Y si te dejas ministrar por Él en medio del dolor, sentirás Su amor de forma más cercana y real que nunca.

Mientras mayor es el dolor, más cerca está Dios.

DIOS ESTÁ TALLANDO: DEL CAOS AL REFLEJO DE CRISTO

Pablo escribe a los colosenses:

> Ahora me alegro de mis sufrimientos por ustedes; y en mi carne, completando lo que falta de las aflicciones de Cristo, hago mi parte por Su cuerpo, que es la iglesia (Col 1:24).

Pablo no se lamentaba; se alegraba de su sufrimiento por ellos. Como una madre en trabajo de parto que se alegra del dolor por el hijo que va a nacer. No se alegra por ella, sino por lo que viene.

Y Pablo explica que hace su parte por la iglesia. En otras palabras: «Con lo que estoy haciendo, veo cómo Cristo hace crecer, expande y fortalece a Su iglesia. Quiero ser instrumento de Cristo para que Su iglesia cumpla Sus propósitos».

Sé que no conozco, y quizás no pueda ni imaginar, tus sufrimientos. La vida a veces se siente como un rompecabezas —porque nos rompe la cabeza— y no acabamos de entenderla. Pero nuestro consuelo y seguridad es que *Dios la está orquestando para Su gloria.*

Como esa ilustración del tapiz —que se ha usado muchas veces—: cuando lo ves por detrás, parece una maraña de hilos sin sentido; pero al voltearlo, descubres una imagen hermosa.

Lo mismo ocurre con nuestras vidas: cuando Dios las está tejiendo, parecen una maraña de hilos; pero al voltearlas, nadie hubiese imaginado que darían lugar a un tapiz tan hermoso.

Sin embargo, ese tapiz no solo revela belleza. *Revela forma. Revela imagen.* Dios entreteje cada hilo —a través de cada circunstancia— para revelar la imagen de Su Hijo en ti.

Charles Spurgeon decía que «Dios estaba tan complacido con Su Hijo, y vio tales hermosuras en Él, que resolvió multiplicar Su imagen».[4] Dios decidió multiplicar la imagen preciosa de Su Hijo, creando, apartando y moldeando a millones de personas a Su imagen, para Su deleite. Él decidió formar esa imagen también en ti —y no descansará hasta completarla.

La pregunta es: ¿cómo luce la imagen de Cristo?

Jesús mismo dijo: «… aprendan de Mí, que Yo soy manso y humilde de corazón, y HALLARÁN DESCANSO PARA SUS ALMAS» (Mt 11:29).

Cristo tuvo compasión, fue clemente, lento para la ira, abundante en misericordia. Nosotros no somos así. Por ello, Dios nos encuentra en el dolor, nos consuela, nos enseña a consolar y nos presenta a otros que sufren para compartir lo que Él nos dio y ser de consuelo para ellos.

Cristo perdonó incondicionalmente. Lavó los pies del traidor. Sirvió a quienes estaban por debajo de Él. Fue al matadero en silencio. Todo esto lo hizo para establecer paz entre Dios y nosotros. Amó a sus enemigos. Oró en la cruz por quienes lo crucificaron.

Esa es Su imagen. *Eso es lo que Dios está tallando en ti.*

UNA VIDA OFRECIDA COMO RESPUESTA AL LLAMADO ETERNO

Esa obra transformadora de Dios puede parecer dura, pero está llena de intención redentora.

Cuenta una historia que Miguel Ángel, el gran escultor, estaba empujando una piedra. Alguien lo vio y le preguntó por qué movía una piedra tan fea. Miguel Ángel respondió: «Es que ahí dentro hay un ángel escondido, y yo estoy quitando todo lo que no luce como un ángel en esa piedra».

Tú y yo lucimos como una piedra, y el cincel de Dios son nuestras circunstancias, las cuales Él usa para quitar de nosotros todo lo que no luce como Su Hijo.

Ese es el propósito número uno de Dios en nuestras vidas, desde la eternidad pasada. *Todas las cosas contribuyen a ese propósito.*

El puritano Richard Baxter decía: «El sufrimiento remueve las cerraduras del corazón de tal manera que facilita la entrada de la Palabra».[5]

El sufrimiento es como una llave: abre nuestro corazón a la Palabra de Dios.

Ahora quiero que volvamos a la pregunta del inicio de este capítulo: ¿ha mostrado Dios lo suficiente para confiarle nuestro dolor —pasado y futuro—?

Pablo responde: «El que no negó ni a Su propio Hijo, sino que lo entregó por todos nosotros, ¿cómo no nos dará también, junto con Él, todas las cosas?» (Ro 8:32).

Si Dios dio a Su Hijo desde la eternidad, y lo entregó en

una cruz para ser tratado vilmente por pecadores, ¿cómo no nos dará, con Él, todas Sus bendiciones?

Dios te conoció, te predestinó, te llamó. En un momento dado, te justificó, y en Su plan eterno, también *te glorificará*.

CONCLUSIÓN

Como hombre, quizás no puedo experimentar todo lo que tú como mujer has vivido o sentido. Pero la Palabra que comparto contigo es la misma que ha sostenido generaciones de mujeres en la historia redentora de Dios.

En este capítulo hemos visto que:

- Dios nos conoce, nos predestina y nos llama desde la eternidad para ser hechos a la imagen de Su Hijo.
- Dios creó el mundo y luego creó a Adán y a Eva a Su imagen y semejanza, con la intención de que fueran fecundos, se multiplicaran, dominaran la tierra y la llenaran de Su imagen.
- Adán y Eva mancharon la imagen de Dios cuando pecaron.
- Como los propósitos de Dios no pueden ser estorbados ni detenidos, Él decidió redimir la imagen manchada en Adán y Eva, para que podamos llenar el mundo con la imagen de Su Hijo.
- El Hijo vino como parte de ese propósito, cumplió

cabalmente la ley de Dios, murió en nuestro lugar y allí saldó la deuda moral que teníamos con Él.
- En la cruz, Cristo nos justificó, cumpliendo el propósito de Dios desde la eternidad pasada.
- En su momento, Dios nos hace un llamado eficaz, nacemos de nuevo y depositamos nuestra fe en Cristo Jesús. Por gracia somos salvos, por medio de la fe.
- A partir de nuestra salvación, Dios inicia un proceso de redención hacia la imagen de Su Hijo.
- Esa renovación o redención de Su imagen se da a través de cada circunstancia de nuestra vida. Así podemos dejar atrás al hombre viejo, renovar la mente, abandonar la vida en la carne y vivir en el Espíritu. Esa santificación es un proceso gradual.

Voy a cerrar con un fragmento de uno de mis libros, *Renueva tu mente*. Se relaciona con todo lo que hemos visto, y creo que nos permite darle un cierre apropiado a esta reflexión:

> La providencia de Dios es algo que debemos traer continuamente a nuestros pensamientos. Los seres humanos somos propensos a olvidar quién es el Señor, lo que ha hecho por nosotros y lo que está dispuesto a seguir haciendo a nuestro favor. La providencia de Dios es su orquestación continua, de manera activa, de *todos* los eventos que ocurren en su universo, organizados por Él

de tal manera que alcancen Sus propósitos y proclamen Su gloria. Como escribió Jerry Bridges: «La tela de araña en la esquina y Napoleón Bonaparte marchando con su ejército a lo largo de Europa, están ambos bajo el control de Dios». Es importante, entonces, que estemos meditando continuamente en esta verdad clave que nos ayudará a enfrentar el sufrimiento. No estamos confiando en Dios ciegamente, sino porque Él nos ha mostrado Su fidelidad en Su Palabra, en su creación y en el testimonio de Su obrar en la Iglesia.

Sabemos que Su amor es infinito, Su poder es ilimitado, Sus propósitos son inalterables y Su sabiduría sin límites. Entonces, quisiera preguntarte, ¿cómo no habríamos de confiar en Él? Considera que el Señor es quien «[forma] la luz y [crea] las tinieblas, [quien trae] bienestar y [crea] calamidad» y quien anuncia «el fin desde el principio; desde los tiempos antiguos, lo que está por venir» (Is 45:7, 46:10). Ni siquiera las personas con todos sus dilemas, fracasos y rebeldía se escapan de Su mano soberana: «*Como* canales de agua es el corazón del rey en la mano del Señor; / Él lo dirige donde le place» (Pr 21:1).[6]

Todo está providencialmente programado para comenzar y terminar en el tiempo preciso. De modo que es tu privilegio

—como hija amada de Dios— tomar la vida que Él te dio y devolvérsela, diciendo:

> Señor, Tú que me creaste con un propósito en Tu mente. Tú que me viste en los momentos en que nadie lo hizo, que escuchaste mi oración en silencio y conoces no solo mis heridas, sino también los vacíos que he guardado en lo profundo, ayúdame a rendir mi voluntad cada día para no ser un estorbo de Tus propósitos, sino más bien, como hizo el apóstol Pablo, poder gozarme mientras llevas a cabo Tus planes a través de cada circunstancia que has permitido en mi vida. Y lo haré no porque lo entienda, sino porque te creo. Te creo porque te conozco. Y como te conozco, te amo. Toma mi vida —mi historia, mi presente, mis lágrimas y mi esperanza— y úsala como una ofrenda para Tu Hijo Jesús.

Querida hermana, tu vida no es un error. Tus cicatrices no definen tu derrota, sino que son usadas para mostrar la restauración de Cristo en ti. Él sigue escribiendo tu historia con amor eterno.

PREGUNTAS DE ESTUDIO

1. ¿Cuál es el propósito eterno de Dios al permitir toda clase de circunstancias en la vida de sus hijos, según Romanos 8:28-30?

2. ¿Qué significa que Dios «nos conoció de antemano», y cómo se diferencia ese conocimiento del simple saber intelectual?

3. ¿De qué manera la cruz de Cristo manifiesta la gloria de Dios en el drama de la redención?

4. ¿Cómo nos ayuda entender el proceso de ser «hechos conforme a la imagen de Su Hijo» (Ro 8:29) a perseverar en medio del sufrimiento?

Cristo, imagen perfecta: 151

PREGUNTAS DE APLICACIÓN PERSONAL

1. ¿Cómo ha usado Dios alguna experiencia dolorosa de tu vida para hacerte más como Cristo? ¿Qué rasgo de Su carácter comenzó a formarse en ti a través de esa situación?

2. Cuando enfrentas sufrimiento, ¿respondes más como una víctima o como alguien moldeado por el propósito eterno de Dios? ¿Qué verdades de este capítulo podrían ayudarte a cambiar tu perspectiva?

3. ¿Qué cosas en ti hoy todavía no reflejan la imagen de Cristo?

4. ¿Qué temores te impiden rendirte completamente a Su propósito?

7

SANTIFICADAS EN SU AMOR:

La belleza restaurada de la mujer en Cristo

Javier Domínguez

Por tanto, consideren los miembros de su cuerpo terrenal como muertos a la fornicación, la impureza, las pasiones, los malos deseos y la avaricia, que es idolatría. Pues la ira de Dios vendrá sobre los hijos de desobediencia por causa de estas cosas, en las cuales ustedes también anduvieron en otro tiempo cuando vivían en ellas. Pero ahora desechen también todo esto: ira, enojo, malicia, insultos, lenguaje ofensivo de su boca.

Dejen de mentirse los unos a los otros, puesto que han desechado al viejo hombre con sus *malos* hábitos, y se han vestido del nuevo *hombre*, el cual se va renovando hacia un verdadero conocimiento, conforme a la imagen de Aquel que lo creó. *En esta renovación* no hay *distinción entre* griego y judío, circunciso e incircunciso, bárbaro, escita, esclavo *o* libre, sino que Cristo es todo, y en todos (Col 3:5-11).

¿Qué tienen en común policías, soldados, bomberos, chefs y médicos? Todas estas vocaciones comparten el uso de un uniforme: una prenda que ofrece protección y permite su identificación. A partir de esta idea surge una nueva pregunta: ¿acaso los cristianos contamos con un uniforme que nos distinga?

En este pasaje, Dios compara la conducta cristiana con un ropaje espiritual. Los hábitos de la vieja naturaleza son como prendas desgastadas que deben ser desechadas. En cambio, la nueva naturaleza, conformada progresivamente a la imagen de Cristo, se representa como una vestidura nueva: una ropa que ya nos ha sido otorgada y que debe renovarse día tras día, mediante el conocimiento de nuestro Señor Jesucristo.

A lo largo de los capítulos anteriores hemos recorrido un viaje que comenzó en el Génesis, donde aprendimos que el hombre y la mujer fueron creados a imagen de Dios, para reflejar Su carácter y cumplir el propósito que Él les encomendó. Sin embargo, tras la entrada del pecado, esa imagen se desfiguró hasta llegar a un nivel de deterioro tal, que sin la redención de Cristo nos resulta imposible reflejar Su carácter. También hemos visto que, desde que Dios nos salvó en Cristo, estamos unidos a Él, y Su imagen en nosotros está siendo restaurada.

No obstante, incluso después de haber nacido de nuevo, esa imagen necesita seguir siendo renovada mediante la obra de santificación que el Espíritu Santo realiza en la vida del creyente (2 Co 3:18). Recordemos que también hemos aprendido que la meta de nuestra redención es parecernos más a Cristo cada día, manifestando Su carácter en nuestras relaciones y acciones, tanto con Dios como con los demás.

Esto significa que la renovación continua de la imagen de Dios en nosotros no solo es importante, sino también indispensable. De hecho, el Nuevo Testamento presenta este tema mediante diversas metáforas. Por ejemplo, en Lucas 8:15 se nos exhorta a dar fruto como resultado de permanecer en Cristo; en Gálatas 5:22-23 se describe el fruto del Espíritu, y en Romanos 12:2 se nos llama a ser transformados mediante la renovación de nuestro entendimiento, lo cual ocurre a medida que el Espíritu aplica la Palabra de Dios a nuestras vidas. Todas estas imágenes —y muchas otras— ilustran cómo debemos, y también cómo podemos, participar activamente en la renovación de la imagen de Cristo en nosotros.

En este pasaje de Colosenses que citamos anteriormente, Dios utiliza la metáfora de «vestirse del nuevo hombre». La exhortación, en efecto, es despojarnos de la vestidura vieja y vestirnos con la nueva para que cada día nos parezcamos más a Cristo.

Si bien es cierto que Dios nos ha renovado y que ahora tenemos una nueva naturaleza, no podemos negar que todos seguimos luchando con aspectos de nuestra vida que aún están corrompidos como resultado de la naturaleza caída: nuestra mente, emociones y voluntad, que todavía no están completamente libres de la influencia del pecado; nuestra forma egocéntrica de ver el mundo; la inclinación natural hacia el mal, y una larga lista de actitudes que evidencian que, aunque ya fuimos liberados de la pena del pecado, todavía no hemos sido completamente librados del poder del pecado en nosotros. Solo en la gloria seremos finalmente libres de la presencia del pecado. Hemos sido liberados de la pena del pecado en la cruz (en el pasado), estamos siendo liberados del poder del pecado (en el presente) y seremos liberados de su presencia (en el futuro).

Por eso Jesús dijo: «… Si alguien quiere venir en pos de Mí, niéguese a sí mismo, tome su cruz y que me siga» (Mt 16:24). Tomar la cruz significa la disposición de sufrir vergüenza, padecer y quizás aún, experimentar el martirio por su causa, [además de] morir al pecado, a uno mismo y al mundo.[1] Así, nuestro llamado diario es renovar la imagen de Dios restaurada en nosotros por medio de Cristo, despojándonos de los malos hábitos y revistiéndonos de los nuevos. Esto es necesario porque el mundo, tu familia y tus amigos no pueden ver tu corazón ni la obra de Cristo en tu interior, pero sí pueden ver tu ropaje: uno que refleje la conducta y el carácter cristiano, conforme a la imagen de Cristo, y que se renueve día con día.

CUATRO FUNDAMENTOS PARA RENOVAR LA IMAGEN DE CRISTO

En este pasaje de Colosenses, con el que iniciamos este capítulo, el apóstol Pablo nos muestra cuatro aspectos fundamentales sobre cómo podemos renovar la imagen de Cristo día tras día. En primer lugar, la exhortación que Dios nos hace a despojarnos de las viejas vestiduras y vestirnos con las nuevas; en segundo lugar, la razón por la cual debemos hacerlo; en tercer lugar, el proceso por medio del cual somos santificados y renovamos Su imagen cada día, y en cuarto lugar, la esperanza que nos anima a perseverar en este llamado con gozo y fe.

1. El llamado a despojarnos y revestirnos.

No hay nada más hermoso, bondadoso ni glorioso que Cristo Jesús. La Biblia dice: «Para vosotros, pues, los que creéis, Él es precioso...» (1 P 2:7, RVR1960). Por lo tanto, mientras más nos relacionemos con Cristo, más creceremos en virtud, pues nos pareceremos más a Él.

Él es precioso porque en Él se encuentra todo lo que necesitamos. Él es el máximo bien, el único Salvador en quien están escondidos todos los tesoros de la gracia. Él es santo y, por tanto, transforma nuestra alma en santidad; sin embargo, no todos exhibimos la belleza de Su santidad.

Así como una bella flor puede quedar oculta entre la hierba, también los vicios de la carne —esos malos hábitos— pueden cubrir las hermosas virtudes que Cristo ha sembrado en nosotros. Por eso, para revelar la belleza interior con la que Él nos ha bendecido y reflejarla a otros en una conducta diaria digna del evangelio, debemos aprender a despojarnos de las viejas vestiduras.

Con ese propósito en mente, veamos ahora los mandatos que Dios nos da en este pasaje de Colosenses con el que iniciamos. El primero es considerar los miembros de nuestro cuerpo terrenal como muertos; el segundo, dejar los malos hábitos que pertenecen a nuestra antigua manera de vivir.

Considerar los miembros de nuestro cuerpo terrenal como muertos:

Cuando viniste a Cristo —al creer en Él— fuiste sepultada con Él y resucitaste con Él. Tu viejo «yo» murió. Eso significa que tus malos hábitos y costumbres, aunque todavía están presentes en ti, ya no son tus amos. Siguen en ti, pero no deben dominarte ni esclavizarte. No tienen poder para obligarte a hacer absolutamente nada, aunque siguen apareciendo en tu día a día, por lo que eres tentada por ellos. Por eso el mandato es morir a nosotros mismos cada día, o en otras palabras, hacer morir lo terrenal en nosotros. Observa la fuerza del lenguaje: no dice simplemente «evita» o «resiste», sino que manda a «considerar… como muertos», a dar muerte a todo aquello que es contrario a Dios en nosotros. Pablo reconoce algo fundamental: aunque nuestra vieja naturaleza ha sido derrotada, aún ejerce una influencia residual en nuestra vida cotidiana.

«¿Cómo esto es posible?», pudiera alguien preguntar. Bueno, la verdad bíblica es que cuando Cristo murió, nosotros morimos con Él; y cuando resucitó, resucitamos con Él. Esto significa que el poder esclavizador del pecado quedó roto (Ro 6:6-11). Aun así, la presencia del pecado permanece. La orden es dar muerte diariamente a esos pecados. No hay lugar aquí para un cristianismo pasivo. No podemos tomar el pecado a la ligera, ni considerarlo menos pecaminoso que los cometidos antes de ser creyentes; debemos enfrentarlo con seriedad, diligencia y violencia espiritual.

> Por tanto, consideren los miembros de su cuerpo terrenal como muertos a la fornicación, la impureza, las pasiones, los malos deseos y la avaricia, que es idolatría (Col 3:5).

Pablo nos da ejemplos de pecados materiales e inmateriales (es decir, aquellos que se ven y aquellos que no se ven), pero que están en nosotros y contra los cuales debemos morir. Sobre esto, el pastor y teólogo puritano John Owen enfatizaba enérgicamente la necesidad de mortificar el pecado. Básicamente señalaba que el pecado debe ser tratado como un enemigo mortal: no puede ser tolerado ni minimizado. Él afirmaba que con el pecado no hay una tercera opción, solo dos: o lo matas, o él te mata a ti. Por eso debemos considerar que, si no luchamos contra el pecado todos los días, este crecerá hasta ahogar nuestra comunión con Cristo.

Sin embargo, esta lucha contra el pecado inicia en el corazón del ser humano, en la esfera de los deseos. Por eso vemos a Pablo señalar estos deseos en este pasaje. Comienza diciendo que debemos morir a la fornicación. En este contexto, la palabra «fornicación» está vinculada a relaciones sexuales fuera del diseño de Dios, incluso con prostitutas. La aplicación para nosotros incluye morir a prácticas como visitar sitios de contenido sexual, mantener relaciones prohibidas, o intercambiar mensajes sensuales con alguien que no es nuestro cónyuge. También abarca dejar de revivir antiguas relaciones para buscar placer en la intimidad con el esposo; y abandonar el deseo de despertar, antes del tiempo señalado por Dios, el amor íntimo y sexual que debe ser guardado hasta el matrimonio (Cnt 2:7).

A continuación menciona: la impureza —una referencia a la inmoralidad, es decir, a todos los pecados morales—; luego, las pasiones, que se refieren a todo deseo sexual prohibido; después, los malos deseos, que aluden a aspiraciones pecaminosas, y también la lascivia y la lujuria, como pasiones desordenadas. Finalmente, habla de la avaricia, a la cual llama idolatría (Col 3:5). Si bien todos estos pecados son formas de idolatría, la avaricia posee una connotación especial, porque no solo se trata de un deseo excesivo por lo material, sino también aquello que el mundo terrenal puede otorgar a la persona: poder, prestigio o reconocimiento. En otras palabras, «codiciar» abarca tanto el dinero como la reputación que proviene de poseer y exhibir bienes o poder.

En esencia, la Biblia enseña que, por cuanto Jesús está restaurando Su imagen en ti, es fundamental que cada día hagas morir lo terrenal en tu vida. De este modo, a través del proceso de santificación, Su imagen podrá seguir formándose en ti. Recuerda: tu santidad no es negociable. No puedes negociar con el pecado, porque al pecado no le interesa negociar, el quiere destruirte. Las enseñanzas del pasaje de Colosenses que hemos analizado exigen, por tanto, una vigilancia diaria y una dependencia constante del poder del Espíritu Santo para ello.

Dejar los malos hábitos:

> Pero ahora desechen también todo esto: ira, enojo, malicia, insultos, lenguaje ofensivo de su boca. / Dejen de mentirse los unos a los otros, puesto que han desechado al viejo hombre con sus *malos* hábitos (Col 3:8-9).

La palabra «dejar» significa desechar, detenerse. Luego Pablo enumera todo lo que debemos dejar a un lado: la ira, el enojo, la malicia, los insultos, toda forma de hablar que sea indecente y obscena, y finaliza con las mentiras. Dios nos está exhortando, a través del apóstol Pablo, a abandonar estos malos hábitos. Ahora bien, la pregunta importante es: ¿por qué? ¿Cuál es la razón por la cual Dios nos manda a morir a nuestros malos hábitos?

Para esto considero importante ponerte un poco en contexto del propósito de la Carta a los Colosenses. Esta carta fue escrita porque Épafras, fundador de la iglesia en Colosas, visitó a Pablo mientras estaba en prisión. Durante la visita, le expresó su preocupación de que los miembros de la iglesia —verdaderos cristianos que deseaban crecer y madurar en Cristo— corrieran el riesgo de caer de su firmeza, pues estaban escuchando herejías y enseñanzas equivocadas que, poco a poco, estaban atesorando en su corazón.

Entre las herejías que estaban escuchando se encontraban algunas enseñanzas gnósticas (o pregnósticas), que enseñaban que, mientras más conocimiento intelectual o filosófico poseas (fuera de la Biblia) alcanzarás un mayor nivel espiritual (Col 2:8).

También estaban escuchando acerca del culto a los ángeles (Col 2:18). Esto, por ejemplo, es algo que practican algunas personas que vienen del catolicismo romano, en donde se adora a determinados arcángeles o se hace oración por ángeles protectores. Ellos estaban creyendo distorsiones similares y atribuyendo a los ángeles cierta protección y seguridad en su caminar cristiano.

Además, estaban adoptando la herejía del ascetismo, que consiste en abstenerse de ciertas cosas con la creencia de que ello conducirá a una mayor purificación espiritual. Pablo hace referencia a esto en Colosenses 2:21, cuando menciona: «no manipules, no gustes, no toques». Hoy el equivalente sería el legalismo que, muchas veces, encontramos en las iglesias, donde se nos dice que tenemos que hacer o dejar ciertos ritos para ser más puros espiritualmente o para obtener aquello que ya somos y tenemos en Cristo.

Cuando Pablo se entera de todo esto, escribe la Carta a los Colosenses. Por eso hace énfasis en exhortar y prevenir a los lectores de que aquellas cosas que aprendieron cuando no conocían a Cristo eran hábitos contra los que iban a tener que luchar y de los cuales debían despojarse. En otras palabras, él les escribe para enseñarles una realidad espiritual crucial en sus vidas: su nueva identidad en Cristo.

Básicamente, Pablo escribe para enseñarles que la raíz de la santificación práctica no es un esfuerzo legalista por ser mejores personas, sino el resultado directo de quienes ellos eran en Cristo. Y esto es igual contigo: como hija de Dios no abandonas tu pecado simplemente porque este sea dañino —aunque ciertamente lo es—, sino porque ahora perteneces a Cristo. Has sido cambiada de reino; has cambiado de amo. Antes servías a la carne y sus deseos; ahora sirves a Cristo y Su justicia (Col 3:23-24). Así, la razón última por la cual Dios te llama a abandonar estos pecados es porque eres una nueva criatura, redimida por la sangre preciosa de Cristo. No abandonas el pecado para obtener Su favor, sino porque ya lo tienes. No huyes del pecado para lograr aceptación, sino porque ya eres plenamente aceptada en Cristo. Tu transformación moral es la consecuencia lógica, gozosa y por gracia de vivir cada día en profunda comunión con Él.

Y es también la razón por la cual, en el capítulo uno de Colosenses, Pablo habla de la preeminencia de Cristo por sobre todas las cosas, o por sobre toda creencia que les hiciera pensar que necesitaban algo más que Cristo. Entonces, por cuanto Cristo es supereminente, la manera en la que tenemos que renovar lo que ya somos en Él es despojándonos de estos deseos y desechando hábitos anteriores, que siempre estaremos inclinados a practicar, porque los consideramos útiles y apropiados o porque pensamos que no son tan malos.

La solución a la lucha contra los malos hábitos no reside en meramente intentar de dejarlos por nuestras fuerzas, sino en una profunda conciencia y aprecio de quién es Cristo y quiénes somos nosotros en Él. Solo así habrá un cambio real y duradero. Así como no basta cortar la mala hierba, sino que debemos quitarla de raíz; así, no se trata de solo controlar los viejos malos hábitos, sino de exponer nuestro corazón al rostro santo de Jesús, para que, con temor y temblor, apreciemos Su gloria en la gracia de Él hacia nosotros. Hermana, mira a Cristo, contempla quién eres en Él y abandona todo lo que sea inferior a Su gloria.

2. Razones para despojarnos de los malos hábitos.

Hay dos razones por las cuales tenemos que despojarnos de los malos hábitos. La primera es por amor y temor reverente a Dios, y la segunda es porque ya tenemos una nueva naturaleza. No hay nada en este mundo que nos pueda dar lo que Cristo ya nos dio.

Por temor a Dios:

> Pues la ira de Dios vendrá sobre los hijos de desobediencia por causa de estas cosas, en las cuales ustedes también anduvieron en otro tiempo cuando vivían en ellas (Col 3:6-7).

Pablo apela a la justicia de Dios. Dios es justo, por lo que merecemos un castigo o disciplina por nuestros pecados. Lo que nos corresponde es la ira de Dios, es decir, esa indignación permanente que Él mantiene en contra del pecado, por cuanto es santo y justo.

De hecho, lo realmente terrible que ocurrirá en el lago de fuego, en el castigo eterno, será la presencia de un Dios santo que estará manifestando eternamente Su ira santa en contra de los pecadores. Pero la buena noticia que nos da Pablo es que los que estamos en Cristo estamos libres de esa condenación eterna.

Entonces, ¿por qué Pablo menciona la ira de Dios para exhortar a cristianos a despojarse de sus malos hábitos, si ellos ya están libres de la condenación eterna? Porque busca resaltar la justicia de Dios y porque los creyentes no estamos exentos de las consecuencias temporales de nuestras transgresiones, como se observa en la vida de David y de muchos otros. Aunque como hijos de Dios hemos sido librados de la ira eterna, Él sigue siendo justo, y nosotros permanecemos sometidos a Su disciplina: «Porque el Señor al que ama, disciplina, / Y azota a todo el que recibe por hijo» (He 12:6).

Hermana, no debemos pensar jamás que, porque somos salvos por gracia, podemos vivir indiferentes ante la santidad de Dios. La salvación no disminuye el temor reverente, sino que lo profundiza. El hecho de que seamos libres del juicio eterno no nos exime de la disciplina temporal amorosa del Señor, como acabamos de mencionar. Dios no disciplina a Sus hijos porque no los ame, sino precisamente porque los ama profundamente.

A lo largo de la Escritura, vemos ejemplos de esto. Recordemos a Salomón, que terminó su vida adorando ídolos falsos. En Su gracia, Dios se le apareció dos veces antes de llevárselo, llamándolo al arrepentimiento por sus actos. También, en nuestras iglesias locales, seguramente hemos conocido a personas que han regresado a sus malos hábitos, a quienes hemos advertido y exhortado, y que, por no acatar estas advertencias, han terminado muy mal.

Recuerdo a una persona que conocí en la iglesia a la que tengo el inmerecido privilegio de pastorear. Fuimos amigos por un tiempo, un hombre muy elocuente y divertido. Al involucrarse en la iglesia, se volvió un gran evangelista. Salía a las calles, les presentaba el evangelio a las personas, era incansable. Pero, después de un tiempo, volvió a uno de los hábitos que practicaba antes: el fisicoculturismo. En ese ambiente se involucró en fornicación y en el consumo de diferentes sustancias. Amaba su propio cuerpo. Y fue tal su nivel de fornicación que tuvo muchos hijos con diferentes mujeres. Nosotros comenzamos a exhortarlo para que abandonara todas esas prácticas, a advertirle que se arrepintiera, porque Dios es justo y santo, pero no nos escuchó. Un día, luego de entrenar, decidió visitar a una de las mujeres que frecuentaba. Al llamar a la puerta, sufrió un paro cardíaco y cayó muerto. Su vida terminó entre sus dos ídolos: el cuerpo que cuidaba con esmero y los brazos de una mujer.

Por esto, Pablo les menciona eso a los Colosenses, porque Dios sigue siendo justo; sigue siendo un Padre amoroso que disciplina a Sus hijos. Por tanto, Pablo nos llama a temer a Dios todo el tiempo, porque los malos hábitos están ahí. De hecho, el temor reverente es indispensable en la vida cristiana; actúa como un centinela en la puerta de tu alma, protegiendo y preservando tus virtudes y gracias espirituales frente a las tentaciones del pecado. Si perdemos el temor a Dios, perderemos el temor al pecado, y el siguiente paso es caer en el desenfreno. Así, los creyentes verdaderos no temen a Dios porque dudan de Su amor y gracia, sino precisamente porque ya lo han experimentado de manera profunda, y no quieren hacer nada que pueda deshonrarlo.

Así, hermana, llora por tus pecados cada día, muere a tu propia justicia, ponte de acuerdo con Dios llamando a cada pecado como Él lo llama y disfruta de Su perdón y amor. Teme a Dios para gozar aún más de Él en plena libertad.

Tienes una nueva naturaleza:

La segunda razón por la cual tenemos que desvestirnos de las viejas ropas es porque somos una nueva criatura.

> Dejen de mentirse los unos a los otros, puesto que han desechado al viejo hombre con sus *malos* hábitos, y se han vestido del nuevo *hombre*... (Col 3:9-10).

En Cristo somos nuevas criaturas. Se nos ha dado una nueva naturaleza, con una nueva mente, un nuevo corazón, una nueva voluntad y nuevos deseos que se inclinan hacia Dios. La santidad de Cristo, imputada al pecador, es el ropaje natural del creyente. Por eso Pablo está usando esta metáfora de rechazar o desechar la ropa vieja y revestirse de la nueva, porque es una imagen de la resurrección de Cristo. Al resucitar, Jesús dejó las vestiduras con las que lo envolvieron y recibió vestiduras nuevas. Lo mismo ocurrió con Lázaro: cuando Jesús le ordenó que saliera del sepulcro, también ordenó que le quitaran sus viejas vestiduras. La ropa es una metáfora importante en el Nuevo Testamento acerca de los hábitos, ya sean malos o nuevos; ya sean en nuestra carne o en Cristo.

Es igual con nosotros. La segunda razón por la cual debes desechar los malos hábitos de tu antigua vida es porque ya no eres eso: eres una nueva creación, una hija de Dios. Significa que tienes una nueva mente con conocimiento de Dios, con nuevos afectos. Por eso huyes de lo ilegal y sigues lo que es bueno, porque el Espíritu Santo está santificando tu vida y prefieres abandonar lo malo e inapropiado para tomar decisiones que agraden a Dios.

En Cristo tienes una conciencia renovada que se va rectificando y se vuelve cada vez más sensible a la grandeza y a la dulzura de la santidad de Dios en ti. En otras palabras, ya no pecas igual, porque cuando lo haces, el Espíritu Santo redarguye tu corazón y te lleva al arrepentimiento, a no deleitarte en los malos hábitos. Una de las marcas más claras del nuevo nacimiento no es que ya no pecas, sino que ya no puedes pecar con paz. El pecado en ti ya no es un hábito, sino una interrupción. Así, tu vida está marcada no por la perfección, sino por el arrepentimiento continuo.

Ser una nueva criatura significa que tienes una nueva

voluntad y que tus acciones están bajo el control absoluto, soberano y amoroso del Espíritu Santo. Por eso, lo que Pablo está queriendo decir es: por cuanto la imagen de Cristo en ti ha sido renovada, debes actuar como lo que ya eres: una hija de Dios, redimida por Dios.

3. La estrategia para renovar la imagen de Cristo en ti.

Al morir en Cristo, fuiste despojada de tus viejas vestiduras, y al resucitar con Él has sido vestida con el nuevo ropaje que corresponde a tu nueva naturaleza. Pero ese nuevo ropaje está hecho a imagen de Cristo y para Cristo. Por lo tanto, cuando te vistes de esta manera cada día, te pareces más a Él.

> Y se han vestido del nuevo *hombre*, el cual se va renovando hacia un verdadero conocimiento, conforme a la imagen de Aquel que lo creó (Col 3:10).

La imagen renovada de Dios en ti es la misma imagen de Cristo; por lo tanto, estás llegando a ser como Cristo, a parecerte a Él por medio de conocerle. Es decir, que la manera en que tu carácter exhibe una conducta parecida a la de Cristo es cuando renuevas tu entendimiento y tu conocimiento de Él.

La palabra «renovando» que vemos en el texto significa *haciendo nuevo*. Es decir, que este nuevo hombre, esta imagen de

Dios en ti, se manifiesta en nuevos y mejores hábitos cada día, en la medida en la que tu conocimiento de Cristo aumenta. En otras palabras, tener una vida digna del evangelio depende de tener un conocimiento vivencial de Cristo por medio de la Escritura.

Por ejemplo, si antes de conocer al Señor fuiste feminista, tu lucha diaria será contra esos malos hábitos. Si tu vida fue llena de lujuria, lucharás contra esa inclinación. Si fuiste una mujer a quien no le importaba nada excepto el dinero, tu lucha diaria será contra la codicia. Pero, en la medida en que te santifiques por medio del conocimiento de Cristo a través de las Escrituras, te irás transformando en quien ya eres en Él, a Su imagen.

De eso nos hablan estos versículos:

> Y no se adapten a este mundo, sino transfórmense mediante la renovación de su mente... (Ro 12:2).

> Pero todos nosotros, con el rostro descubierto, contemplando como en un espejo la gloria del Señor, estamos siendo transformados en la misma imagen de gloria en gloria, como por el Señor, el Espíritu (2 Co 3:18).

Solo la luz del evangelio alumbrará tu mente a la gracia transformadora del Espíritu Santo. Entre más veas el rostro de Jesucristo en Su Palabra serás más como Él.

Y es que no podemos negar que no hay nada que se le

compare a Cristo. Jamás las glorias del mundo te llevarán a alabar a Dios, ni la riqueza del mundo te llevará a mostrar gratitud hacia Él. Porque así como una flor marchita ya no recibe la luz del sol ni el agua, porque está muerta, así es la mujer sin Cristo.

Por el contrario, la mujer nueva en Cristo no sale del mundo, sino del crisol de la cruz. Por eso, todo el tiempo tenemos que tomar la cruz y dejarnos crucificar en ella, haciendo morir nuestros malos hábitos y deseos, porque es de allí de donde salen nuevos deseos, nuevos pensamientos, nuevas inclinaciones, nuevas esperanzas y nuevas alegrías; todas centradas en Cristo Jesús.

Dicho de otra manera, cuando el evangelio cambia tu manera de pensar, entonces cambia tu manera de vivir.

4. Cristo: nuestra esperanza para perseverar cada día.

La esperanza a la que nos invita este texto es que Cristo sea *todo en todos*:

> *En esta renovación* no hay *distinción entre* griego y judío, circunciso e incircunciso, bárbaro, escita, esclavo *o* libre, sino que Cristo es todo, y en todos (Col 3:11).

Aquí hay otra buena noticia. En la nueva creación, no solamente los malos hábitos se eliminan, sino también las divisiones humanas que estos pecados acarrean. Así como los creyentes somos despojados de los malos hábitos, también las familias, las iglesias locales, los amigos, se van despojando de aquellas barreras que nos dividen. Es decir, que hay un gran beneficio cuando hacemos morir nuestros hábitos en Cristo: podemos gozar de paz y tranquilidad en nuestro matrimonio, en la familia y en la iglesia. En otras palabras, la renovación diaria de la imagen de Cristo en nosotros, a través de la Escritura, hace que esas barreras que nos separaban se eliminen en Él.

Jesús mismo dijo que seríamos conocidos como sus discípulos por la manera en que nos amamos unos a otros. Pero sabemos que eso no siempre es posible. No vamos a negar que en muchas familias o en las iglesias locales hay divisiones, celos, resentimientos, desconfianza; y esas divisiones son precisamente las que Pablo está enfatizando en este texto.

Para ello, utiliza ejemplos de los grupos culturales que se encontraban en esa época en el Imperio romano. Primero menciona a los judíos y los griegos. Luego, a los bárbaros (a quienes se les tenía por incultos e incivilizados); después, a los escitas (una comunidad que se caracterizaba por su falta de higiene); además, menciona a los esclavos y libres. Lo que está haciendo Pablo al mencionar grupos tan diferentes es llevarnos a pensar: ¿cómo es posible que en una iglesia local puedan estar todos juntos, uno sentado al lado del otro? Es posible porque la renovación espiritual de la imagen de Dios en nosotros, por medio del evangelio, derriba las barreras que nos dividen.

A medida que vamos renovando esa imagen de Cristo en nosotros, comenzamos a amar lo que Dios ama y a aborrecer lo que Dios aborrece. Así que, cuando renovamos nuestros entendimientos, nuestros pensamientos y afectos son absorbidos por el amor de Cristo, y como consecuencia, esas barreras se eliminan.

Vemos, por ejemplo, en la Epístola a Filemón, a Pablo enviando como hermano a Onésimo ante Filemón, su antiguo dueño. En el mismo sentido, hay algunos historiadores del siglo II que relatan cómo un esclavo podía llegar a tener una posición de autoridad en la iglesia local, en la cual era líder de su amo; pero al regresar a casa, el esclavo volvía a ser su siervo. ¿Cómo es posible el amor, la mutua sujeción, el mutuo entendimiento, la mutua exhortación en amor, la vigilancia mutua entre tanta diferencia? Porque todos nos encontramos en Cristo, y porque Cristo es *todo en todos*.

La historia también narra el caso de Perpetua y Felicita. Perpetua era una mujer rica y Felicita era su esclava. Ambas, tomadas de la mano, prefirieron morir antes de negar a Cristo y fueron devoradas por las fieras. ¿Cómo es posible eso? ¿Cómo es posible que hijos completamente rebeldes contra los padres, una vez en Cristo, amen a sus padres? ¿Cómo es que dos mujeres que estaban enemistadas ahora son amigas? ¿Cómo es posible que en la misma iglesia encontremos matrimonios que estaban a punto del divorcio y que ahora están juntos alabando al Señor? ¿Cómo es posible todo esto? El argumento principal por el cual Pablo dice que toda enemistad se va eliminando es porque Cristo lo es todo en todos.

Esas palabras son la esencia del cristianismo. Si quitas a Cristo del cristianismo, no queda absolutamente nada. La razón por la cual el cristianismo es valioso y nuestras relaciones son preciosas es porque Él es el todo en todos. Esta frase significa que Él es nuestra cultura: que no imitamos al mundo, ni a los griegos, ni a los escitas, sino que somos imitadores de Cristo. También significa que Él es nuestra revelación, nuestra religión, nuestra liturgia y nuestro objeto de oración.

Cristo es todo porque es la suma de todos nuestros ideales y sueños. Es la suma de nuestro presente y nuestro futuro. Cristo es el todo. Precisamente por eso que tenemos que dedicarnos a Él y amarlo. Él es el todo también porque todas las cosas buenas están eminentemente en Él. Cristo es el todo porque solo en Él recibimos las bendiciones de Dios. Cristo es el todo porque por Él, en Él y para Él son todas las cosas. Cristo es el todo porque solo Él es suficiente para disipar nuestros temores y nuestras debilidades.

Pero es interesante que Pablo no solamente dice que Cristo es «el todo», sino que lo es «en todos» los creyentes. Cristo en nosotros es nuestro todo porque es nuestra santificación. Él es nuestro todo por cuanto en Él hemos sido aceptados por el Padre y somos honorables delante de Él. Cristo es «el todo en todos» porque solamente en Jesús podemos resistir la tentación, recibir consolación, ser fortalecidos todos los días, sosegados todo el tiempo en nuestra alma y recibir gracia sobre gracia.

Por tanto, si Cristo es «el todo», mi invitación es que alabes a Dios por Sus riquezas en Cristo. Alaba a Dios por tu felicidad, porque ahora, teniendo el sol de justicia, no necesitas de las velas del mundo. Teniendo el agua viva, no necesitas de las cisternas rotas. Porque Cristo es el todo, ama a Cristo, persevera en Cristo, porque en Él estás completa. No tiene sentido que estés buscando fuera de Cristo lo que en Él ya se te dio. No tiene sentido que busques aquello que ya eres. Eres una mujer plena en Cristo, viva en Cristo y satisfecha en Él.

Cristo es el bien supremo. Coloca cualquier cosa a un lado de una balanza y a Cristo en el otro, y verás que Él pesa infinitamente más que cualquier cosa que tú anheles. Por ejemplo, tal vez tu vida ha sido dulce, pero Cristo lo es aún más. A lo mejor tu vida ha sido exitosa, excitante, bella; pero Cristo es mucho mejor.

LA PLENITUD EN CRISTO: UN LLAMADO FINAL

No puedo finalizar sin llegar a una conclusión muy importante, a un llamado. Si Cristo es el todo en todos, entonces te invito a que aceptes la miseria de tu vida sin Él. Reconoce que sin Cristo toda mujer es pobre, ciega, desnuda y desventurada. Sin Él, tú no tienes justificación, ni la belleza de la santidad. Sin Él, no estarás llena de gracia, jamás estarás llena de verdad, ni de justicia, sino solo de mentiras y de oscuridad.

Por lo tanto, si Cristo es todo en todos nosotros, busca a Cristo intensamente. Búscalo como aquella mujer que, perdiendo la moneda, la buscó hasta encontrarla y se gozó en ello (Lc 15:8-10). Búscalo como aquel que comerció para poder comprar el terreno donde estaba enterrado el tesoro de gran precio (Mt 13:44). Busca a Cristo. Haz que Cristo todos los días sea tu entendimiento. Ambiciona a Cristo. Atesora a Cristo porque Él es tu máximo bien.

¿De qué sirve que busques la popularidad de la vida humana, si al final vas a ignorar el valor de la vida misma? ¿De qué sirve la belleza si al final te estás olvidando del que es precioso por sobre todas las cosas? Si Cristo es el todo en todos nosotros, haz que sea el dueño de tus afectos. Ámalo profundamente, porque al tener a Cristo lo tienes todo. Si Cristo es todo en todos, hazlo a Él tus fuerzas, tu resistencia, tu perseverancia. Hazlo el fin de tu vida, tu meta. Haz todo por la gloria de Cristo.

La esperanza entonces es que, mientras sigamos renovando la imagen de Cristo en nosotros, más nos pareceremos a Él y más nos gozaremos con Él todos los días. Porque Él es todo lo que siempre hemos necesitado y todo lo que necesitaremos en esta vida y en la venidera. Demos gracias al Señor, porque Cristo es todo en todos nosotros.

PREGUNTAS DE ESTUDIO

1. ¿Cuál es la metáfora que utiliza Pablo en Colosenses 3 para describir la santificación y la renovación de la imagen de Cristo en el creyente? ¿Cuáles son sus implicaciones?

2. ¿Por qué el apóstol Pablo menciona la ira de Dios como una motivación para desechar los viejos hábitos si ya estamos en Cristo?

3. Según Colosenses 3:10-11, ¿de qué manera la renovación diaria de la imagen de Cristo en nosotros transforma nuestras relaciones interpersonales?

4. ¿Qué relación establece Pablo entre conocer a Dios y ser renovados a Su imagen, y cómo este conocimiento se manifiesta en la vida cotidiana del creyente?

PREGUNTAS DE APLICACIÓN PERSONAL

1. ¿Cuáles son algunos viejos hábitos, deseos o actitudes que todavía persisten en tu vida y que necesitas hacer morir diariamente? ¿Qué estrategias prácticas estás utilizando (o puedes comenzar a usar) para mortificarlos?

2. Cuando enfrentas tentaciones o viejos hábitos, ¿cómo podrías crecer en vivir desde tu nueva naturaleza y no desde la antigua?

3. ¿Qué barreras o divisiones existen en tus relaciones que podrían ser derribadas si Cristo fuera verdaderamente «el todo en todos»? ¿Qué podrías hacer al respecto?

4. ¿Cristo es realmente «el todo» para ti? ¿Qué cosa estás buscando hoy fuera de Cristo que en Él ya se te ha dado?

8

GLORIFICADAS A SU IMAGEN:

Una esperanza de transformación celestial

Sugel Michelén

Posiblemente, al recordar diversas experiencias dolorosas, podríamos entristecernos o incluso perder la esperanza. Por eso, en esta ocasión, quiero que, aun en medio de las adversidades de vivir en un mundo caído, tus ojos se enfoquen en lo que ya tenemos en Cristo; pero, sobre todo, en lo que tendremos en Él cuando regrese en gloria.

> Pues considero que los sufrimientos de este tiempo presente no son dignos de ser comparados con la gloria que nos ha de ser revelada. Porque el anhelo profundo de la creación es aguardar ansiosamente la revelación de los hijos de Dios. Porque la creación fue sometida a vanidad, no de su propia voluntad, sino por causa de Aquel que la sometió, en la esperanza de que la creación misma será también liberada de la esclavitud de la corrupción a la libertad de la gloria de los hijos de Dios.

> Pues sabemos que la creación entera gime y sufre hasta ahora dolores de parto. Y no solo *ella*, sino que también nosotros mismos, que tenemos las primicias del Espíritu, aun nosotros mismos gemimos en nuestro interior, aguardando ansiosamente la adopción como hijos, la redención de nuestro cuerpo. Porque en esperanza hemos sido salvados, pero la esperanza que se ve no es esperanza, pues, ¿por qué esperar lo que uno ve? Pero si esperamos lo que no vemos, con paciencia lo aguardamos (Ro 8:18-25).

LA GLORIA QUE SE REVELARÁ EN NOSOTROS

En este pasaje, Pablo no está ignorando ni minimizando la realidad del sufrimiento; lo que hace es ponerlo en perspectiva. Nos ayuda a ver el sufrimiento desde la perspectiva de Dios, para mostrarnos que, aun en medio del dolor, los cristianos somos los seres más privilegiados del planeta.

En los versículos anteriores a Romanos 8:18, Pablo nos recuerda que Dios nos ha adoptado como hijos por medio de la fe en Jesucristo, y que, debido a esa adopción, somos herederos de Dios y coherederos con Cristo. Es decir, todo lo que le pertenece a Cristo por derecho propio también nos pertenece a nosotros. Somos herederos de Dios porque estamos unidos al Heredero mediante la fe.

Todo lo Suyo *nos pertenece*; y aunque ahora solo poseemos el anticipo de esa herencia —que disfrutaremos plenamente cuando Él regrese en gloria—, esa promesa no excluye el sufrimiento:

> Y si somos hijos, somos también herederos; herederos de Dios y coherederos con Cristo, si en verdad padecemos con *Él* a fin de que también seamos glorificados con *Él* (Ro 8:17).

Entender que si padecemos con Él, también seremos glorificados con Él no significa que se requiera una cuota de sufrimiento para comprar nuestra salvación, como si el sufrimiento fuera la moneda con la que se adquiere el cielo. No, eso no es lo que Pablo está diciendo. Cristo ya sufrió todo lo necesario para el perdón de nuestros pecados; sin embargo, como coherederos con Él, no solo participaremos de Su gloria futura, sino que también compartiremos Sus sufrimientos.

Por eso Pablo dice en 2 Corintios 1:5: «Porque así como los sufrimientos de Cristo son nuestros en abundancia, así también abunda nuestro consuelo por medio de Cristo». Y también en Filipenses 1:29: «Porque a ustedes se les ha concedido, por amor de Cristo, no solo creer en Él, sino también sufrir por Él». La expresión «se les ha concedido» —en el griego original— significa que se les ha dado por gracia; por lo tanto, el sufrimiento no es un accidente en la vida del cristiano.

El sufrimiento no es un molesto imprevisto que aparece cuando menos lo esperamos. ¡No! El camino que conduce a la gloria pasa primero por la cruz. Así fue con Cristo, y así será con nosotros. Como señala el teólogo escocés Sinclair Ferguson: «La unión con Cristo no nos protege del sufrimiento, sino que nos compromete a sufrir».[1]

En este pasaje encontramos tres grandes enseñanzas que nos ayudarán a enfrentar el sufrimiento con esperanza.

1. Nuestro sufrimiento presente no puede compararse con la gloria futura.

Pablo dice: «Pues considero que los sufrimientos de este tiempo presente no son dignos de ser comparados con la gloria que nos ha de ser revelada» (Ro 8:18). La palabra que se traduce como «considero» es un término contable; es decir, Pablo nos está invitando a calcular lo que sufrimos ahora a la luz de lo que nos espera en la gloria. En otras palabras, considera el sufrimiento presente frente a la gloria venidera —suma y resta— y verás que no hay comparación entre una cosa y la otra.

Por más grande que sea la aflicción, queda empequeñecida ante las bendiciones que ya tenemos en Cristo y las que disfrutaremos plenamente en Su segunda venida. Y si hay alguien en el Nuevo Testamento —aparte de Jesús— que tiene un impresionante currículum de sufrimiento, ese es el apóstol Pablo:

Cinco veces he recibido de los judíos treinta y nueve *azotes*. Tres veces he sido golpeado con varas, una vez fui apedreado, tres veces naufragué, y he pasado una noche y un día en lo profundo.

Con frecuencia en viajes, en peligros de ríos, peligros de salteadores, peligros de *mis* compatriotas, peligros de los gentiles, peligros en la ciudad, peligros en el desierto, peligros en el mar, peligros entre falsos hermanos; en trabajos y fatigas, en muchas noches de desvelo, en hambre y sed, con frecuencia sin comida, en frío y desnudez. Además de tales cosas externas, está sobre mí la presión cotidiana *de* la preocupación por todas las iglesias (2 Co 11:24-28).

Este es el hombre que nos está diciendo en su carta a los romanos que el dolor, el sufrimiento, la decepción y la frustración que podamos experimentar en esta vida presente serán como nada en comparación con la gloria que disfrutaremos en la vida venidera.

De la misma manera, cuando Romanos 8:29 habla acerca de nuestra predestinación, no dice que Dios nos haya predestinado para vivir una vida cómoda y feliz, sino para que seamos hechos conforme a la imagen de Su Hijo. Todo coopera para ese bien (Ro 8:28): la formación de Su imagen. Esta es la mayor bendición que Dios puede concedernos.

Y aunque ese proceso de santificación —para ser

conformados a la imagen de Su Hijo— ya se está dando en el presente, donde Dios nos pule con Su cincel y remueve todo lo que no se asemeja a Jesús, dicho proceso culminará con la segunda venida de Cristo. Él transformará el cuerpo de nuestra humillación para que sea semejante al cuerpo de Su gloria (Fil 3:21). ¡Es decir, contemplaremos y compartiremos la gloria de Cristo!

Por eso Pablo afirma que los sufrimientos no son comparables con la gloria venidera que habrá de manifestarse en nosotros. Ya que nuestra vida es Cristo, cuando Él se manifieste, nosotros también seremos manifestados con Él en gloria (Col 3:4). Esto significa que nuestro estatus como hijos adoptados de Dios será revelado públicamente cuando Cristo regrese. Y será tan glorioso que Jesús mismo nos asegura, al final de la parábola del trigo y la cizaña: «Entonces LOS JUSTOS RESPLANDECERÁN COMO EL SOL en el reino de Su Padre» (Mt 13:43).

Llegará el día en que compartiremos la gloria y la hermosura de nuestro precioso Salvador. Ya no habrá más llanto, ni dolor ni recuerdos vergonzosos ni tentaciones. ¿Puedes imaginarlo? ¡Nunca, nunca más seremos tentados a pecar contra el Señor!

Por ejemplo, nunca más seremos interrumpidos en nuestra adoración. ¿Cuántas veces hemos estado en la iglesia cantando, y al mismo tiempo pensando: *Tengo que pagar la luz mañana*? ¿No te ha pasado? Pero cuando estemos en la gloria, la hermosura de Jesús opacará todo, y ya no habrá nada que interrumpa, empañe o disminuya la alabanza a nuestro Salvador.

Y en aquel día veremos que todo el sufrimiento que tuvimos que enfrentar en este mundo, de una forma u otra, habrá contribuido a esa gloria. Por eso, a pesar de las aflicciones que enfrentamos en este mundo caído, no desmayamos:

> Por tanto no desfallecemos, antes bien, aunque nuestro hombre exterior va decayendo, sin embargo nuestro hombre interior se renueva de día en día. Pues *esta* aflicción leve y pasajera nos produce un eterno peso de gloria que sobrepasa toda comparación, al no poner nuestra vista en las cosas que se ven, sino en las que no se ven. Porque las cosas que se ven son temporales, pero las que no se ven son eternas (2 Co 4:16-18).

Hay una conexión entre lo que sufrimos ahora por Cristo y la gloria que compartiremos con Él. Y Pablo nos dice que la manera de no desmayar en medio del sufrimiento que tenemos en este mundo es poniendo nuestra vista en las cosas que no se ven.

Ahora bien, ¿cuáles son las cosas que se ven y cuáles las que no se ven? En el contexto de 2 Corintios 4, Pablo nos dice que las cosas que se ven son las aflicciones. Vemos claramente los rechazos, las ofensas, los maltratos que sufrimos por causa de

Jesús. Pero su mensaje es claro: no pongas la mirada en lo que se ve, sino en la gloria venidera que nos espera cuando Cristo regrese. Entonces, no desmayarás.

Y algo más sucederá cuando esa gloria se manifieste: todo el cosmos será transformado junto con nosotros.

2. La creación espera el día que compartamos la gloria de Jesús.

> Porque el anhelo profundo de la creación es aguardar ansiosamente la revelación de los hijos de Dios. Porque la creación fue sometida a vanidad, no de su propia voluntad, sino por causa de Aquel que la sometió, en la esperanza de que la creación misma será también liberada de la esclavitud de la corrupción a la libertad de la gloria de los hijos de Dios (Ro 8:19-21).

Pablo nos está enseñando que, dado que el ser humano era el corregente de la creación, cuando Adán y Eva pecaron, no solo ellos fueron afectados, sino también todo el cosmos: «… Maldita será la tierra por tu causa…» (Gn 3:17).

Es decir, vivimos en un planeta marcado por la maldición a causa de la rebeldía humana. Aunque este mundo aún conserva destellos de su belleza original, ya no funciona como debería.

No sé si te gusta la jardinería, pero yo, en cierta etapa de mi vida, disfruté sembrar algunas cosas, y gracias a eso pude observar que, si dejas de cuidar tu jardín, aunque sea por poco tiempo, te aseguro que no crecerán rosas ni claveles, sino hierba mala.

En parte, eso es lo que Pablo quiere decir cuando afirma que «... la creación fue sujeta a vanidad...» (Ro 8:20); es decir, a producir lo que es inútil, vano, sin propósito. Este es un planeta hermoso, pero también peligroso, donde enfrentamos enfermedades, desastres naturales y calamidades de todo tipo. Todo esto forma parte del juicio de Dios contra el pecado del hombre.

Ahora bien, ¿por qué la vida en este mundo tenía que ser tan dolorosa? Para que podamos percibir en una forma concreta la verdadera cara del pecado. El pecado que aún mora en nosotros no nos permite ver en su justa dimensión lo horrible que es. Pero el dolor sí lo percibimos con toda claridad.

Como enseña John Piper: «El mal físico es una parábola, una dramatización, un letrero que apunta hacia la atrocidad de la rebeldía en contra de Dios».[2]

En otras palabras, *el sufrimiento es el trompetazo de Dios que nos alerta* y nos recuerda que existe un problema serio en este mundo. Claro está, esto no significa que cada persona que sufre lo haga por haber cometido un pecado particular, sino que afirmamos que el pecado, en general, ha traído sufrimiento al mundo.

Eso lo vemos claramente en la respuesta de Jesús a Sus discípulos en Juan 9:2-3:

> Y Sus discípulos le preguntaron: «Rabí, ¿quién pecó, este o sus padres, para que naciera ciego?». Jesús respondió: «Ni este pecó, ni sus padres; sino *que está* ciego para que las obras de Dios se manifiesten en él».

Por eso, ten cuidado de pensar que cada vez que una persona sufre es a causa de un pecado personal, porque estarías jugando a ser como los amigos de Job. ¡No lo hagas!

Pero gracias al Señor, nuestra historia no quedó congelada en Génesis 3. Desde el momento en que Adán y Eva se rebelaron contra Dios, Él prometió enviar a un Redentor que revertiría todos los efectos de la caída. Para eso fue que Cristo se hizo hombre.

Él es la imagen visible del Dios invisible, quien por amor a Su pueblo murió en una cruz, no solo para pagar nuestros pecados. Cristo murió, resucitó, ascendió a los cielos y volverá otra vez, para restaurar el universo que quedó dañado por causa del pecado. Hasta allí llega la obra redentora de Cristo.

Él no solo nos transformará a nosotros, sino también a toda la creación. Piensa en esto: *¿Qué será lo más hermoso en el cielo, en el reino de Dios?* Obviamente, Jesús; pero lo segundo más hermoso será que todos nosotros nos pareceremos a Él. Por eso, el cielo será un lugar glorioso.

Y como el destino de la naturaleza está ligado al nuestro, ese día también la creación será libertada de su esclavitud. Será conducida desde la corrupción hacia la libertad gloriosa de los hijos de Dios.

Aun las cosas más hermosas y maravillosas que hemos contemplado en este planeta no se compararán con lo glorioso que será el cielo nuevo y la tierra nueva.

Dice Pablo que la creación está aguardando ansiosamente la llegada de ese día. La palabra que usa en ese texto transmite la idea de alguien que está de puntillas, expectante, deseoso por ver lo que viene. La pregunta es: ¿estás tú aguardando la llegada de ese día más intensamente que lo hace la creación?

El texto dice que la creación entera está gimiendo, sufriendo dolores de parto hasta ahora (Ro 8:22). ¿Por qué dice «hasta ahora»? Porque esos dolores no son en vano; anuncian la llegada de una nueva era. Hay una gran diferencia entre el dolor de parto y el dolor de un enfermo terminal: el primero es un dolor que anticipa vida, mientras que el segundo desemboca en la muerte.

DOLORES DE PARTO PARA UNA NUEVA ERA

Tuve el privilegio de estar presente en los tres partos de mi esposa. Fui testigo del nacimiento de nuestros tres hijos. De hecho, tuve el gozo de cortar el cordón umbilical de nuestro tercer hijo. Vi a mi esposa atravesar ese sufrimiento para darles vida; y si tú eres madre, lo sabrás muy bien. Yo no soy mujer, pero como testigo presencial puedo afirmar que los dolores de parto son intensos... pero llenos de esperanza. A medida que el dolor aumenta, también se acerca la llegada del niño.

Vivimos en un mundo que está sufriendo dolores de parto. Este mundo está cada vez más convulso, y uno se pregunta cuándo vendrá el Señor. No lo sabemos, pero Cristo dice en Marcos que todas estas cosas que están pasando son dolores de parto (Mc 13:8). Así que, a medida que se acerque el día de Su llegada, las convulsiones del mundo serán más fuertes y dolorosas.

Posiblemente nos parezca que este mundo se está cayendo a pedazos. Pero quiero que lo veas de otra manera: como Pablo nos enseña, mientras más convulso se vuelve el mundo y más duras son las circunstancias, debemos sufrir con esperanza. Porque esas convulsiones anuncian la llegada de ese día glorioso.

Cuando Cristo murió y resucitó, este mundo quedó preñado de la era venidera. Y ahora estamos aquí esperando ansiosamente —junto con la creación— el día en que todo será restaurado.

3. Debemos aprender a vivir entre el dolor y la esperanza.

Cuando estemos en gloria, no regresaremos al paraíso que tuvieron Adán y Eva, sino que nuestro paraíso será mucho mejor. El paraíso del principio se podía perder; pero cuando estemos en gloria, ese paraíso no se podrá perder jamás. Mientras ese día llega, debemos aprender a vivir entre el dolor y la esperanza.

> Y no solo *ella*, sino que también nosotros mismos, que tenemos las primicias del Espíritu, aun nosotros mismos gemimos en nuestro interior, aguardando ansiosamente la adopción como hijos, la redención de nuestro cuerpo (Ro 8:23).

He aquí el dilema del cristiano. Por un lado, ya tenemos las primicias del Espíritu: hemos sido regenerados y el Espíritu Santo mora en nosotros como garantía del futuro glorioso que nos espera. Pero aún habitamos en este cuerpo de muerte, donde mora el pecado, y vivimos en un mundo que dista mucho de ser un paraíso.

Quiero ilustrar este estado con una historia sobre la isla Iwo Jima, en el Océano Pacífico. Durante la Segunda Guerra Mundial, era una isla estratégica dominada por los japoneses. El 19 de enero de 1945, marinos estadounidenses colocaron su bandera en el punto más alto, declarando que tenían el control de la isla. Esa imagen es emblemática. Sin embargo, los japoneses, dirigidos por el general Kuribayashi, habían cavado túneles. Aunque los estadounidenses dominaban la superficie, cuando menos se lo esperaban, salía un japonés de los túneles.

Lo que quiero decirte es esto: aunque Cristo vino, tomó el control de nuestra vida y puso la bandera del reino de Dios en nuestro corazón, el pecado todavía mora en nosotros. *No te descuides*. Ese pecado oculto produce en nosotros un gemido profundo, aguardando la adopción como hijos.

Dice John Stott: «El Espíritu que habita en nosotros nos proporciona gozo, y la futura gloria nos proporciona esperanza, pero mientras tanto, el suspenso nos produce dolor».[3] ¿Ves el punto? Por eso no creo que los cristianos estemos siempre en victoria. Todavía estamos peleando la batalla de la fe. Hay momentos en que somos heridos por nuestro pecado o por el pecado de otros.

Eso es lo que implica vivir en el «ya, pero todavía no». Cristo ya venció, pero aún no ha consumado Su reino en la tierra. Las promesas de Dios son nuestras por nuestra unión con Cristo, pero lo mejor aún está por venir. Algo extraordinario nos espera, pero todavía no lo tenemos.

Este estado genera una complejidad emocional en el cristiano. El Espíritu Santo que habita en nosotros nos hace más sensibles a nuestro pecado y también al pecado que nos rodea. Por eso a veces nos vemos al espejo y nos cuesta soportarnos. Quisiéramos dejar de pecar, dejar de sentir tentaciones, pero aún no hemos llegado a la gloria.

No somos lo que fuimos cuando éramos inconversos, *pero aún no somos lo que seremos cuando Cristo regrese*.

PURIFICADOS POR LA ESPERANZA

> Amados, ahora somos hijos de Dios y aún no se ha manifestado lo que habremos de ser. *Pero* sabemos que cuando Cristo se manifieste, seremos semejantes a Él, porque lo veremos como Él es. Y todo el que tiene esta esperanza *puesta* en Él, se purifica, así como Él es puro (1 Jn 3:2-3).

Esta esperanza purifica. Por eso, mientras esperamos ese día, los creyentes debemos aprender a vivir una realidad emocional compleja: gozo y gemido al mismo tiempo. *La alegría de lo que ya tenemos y la expectación de lo que aún está por venir.*

> Porque en esperanza hemos sido salvados, pero la esperanza que se ve no es esperanza, pues, ¿por qué esperar lo que uno ve? Pero si esperamos lo que no vemos, con paciencia lo aguardamos (Ro 8:24-25).

Así como la creación fue sometida a vanidad en esperanza, también nosotros, los creyentes, experimentamos frustración en esperanza. Ese es el énfasis de Pablo en Romanos 8:18-25, cuando habla de: anhelo profundo, aguardar ansiosamente, gemir, esperar, dolores de parto, paciencia.

¿Qué nos está diciendo Pablo? Que no debemos esperar el cielo antes de tiempo. Ese es el error del evangelio de la prosperidad, que promete el paraíso aquí en la tierra: «Tu mejor vida ahora». No, tu mejor vida será cuando Jesucristo regrese en gloria.

No esperes el cielo antes de tiempo, porque terminarás frustrado. Este mundo no es el paraíso: «… La esperanza que se ve no es esperanza…» (Ro 8:24). Pero la aguardamos con paciencia, porque sabemos que nuestro Dios es fiel y cumplirá lo que ha prometido en Cristo.

LA PALABRA QUE ALIMENTA LA ESPERANZA

Mientras tanto, atesora la Palabra de Dios: «Deseen como niños recién nacidos, la leche pura de la palabra…» (1 P 2:2).

Pedro no se dirige solo a nuevos creyentes. Lo que está diciendo es que no importa cuántos años tengas en la fe —2, 3, 20, 30 o 40—, debes desear la Palabra como el niño desea la leche materna.

Si tienes hijos, sabes que los bebés nacen con una necesidad intensa, casi obsesiva, por la leche. Dios puso una «alarma» en el bebé para que no se nos olvide alimentarlo. Si el niño clama por leche, puedes ofrecerle el juguete más vistoso del mundo, pero lo rechazará. Solo quiere la leche.

Pedro dice que debemos desear esa leche espiritual como el niño desea la leche de su madre. Porque es en la Palabra donde vemos las cosas como realmente son. Es a través de ella que vemos el mundo como Dios lo ve, y de ella extraemos la esperanza: el combustible para correr la carrera que tenemos por delante.

Esta esperanza aviva la llama de nuestra pasión por Jesús. Y es lo que nos permite sufrir en esperanza.

UNA VISIÓN ESCATOLÓGICA QUE AVIVA EL ALMA

¡Qué gloriosa esperanza tenemos en Cristo! Por eso te animo a tomar el telescopio de la Palabra de Dios, para ver más allá de las aflicciones presentes y vislumbrar la gloria que nos espera cuando nuestro Señor Jesucristo regrese.

Entonces entenderás que las aflicciones del presente no se comparan con la gloria venidera. Dios no escatimó palabras para hacernos desear ese día: cuando estemos en Su bendita presencia, contemplando y compartiendo Su gloria por los siglos de los siglos.

Y para cerrar, dejemos que sea la misma Palabra del Señor quien hable y llene tu corazón de esperanza:

> Entonces vi un cielo nuevo y una tierra nueva, porque
> el primer cielo y la primera tierra pasaron, y el mar ya

no existe. Y vi la ciudad santa, la nueva Jerusalén, que descendía del cielo, de Dios, preparada como una novia ataviada para su esposo. Entonces oí una gran voz que decía desde el trono: «El tabernáculo de Dios está entre los hombres, y Él habitará entre ellos y ellos serán Su pueblo, y Dios mismo estará entre ellos. Él enjugará toda lágrima de sus ojos, y ya no habrá muerte, ni habrá más duelo, ni clamor, ni dolor, porque las primeras cosas han pasado».

El que está sentado en el trono dijo: «Yo hago nuevas todas las cosas». Y añadió: «Escribe, porque estas palabras son fieles y verdaderas». También me dijo: «Hecho está. Yo soy el Alfa y la Omega, el Principio y el Fin. Al que tiene sed, Yo le daré gratuitamente de la fuente del agua de la vida. El vencedor heredará estas cosas, y Yo seré su Dios y él será Mi hijo...» (Ap 21:1-7).

PREGUNTAS DE ESTUDIO

1. Según Romanos 8:18-25, ¿cuál es la perspectiva bíblica del sufrimiento presente y cómo se relaciona con la gloria futura prometida a los creyentes?

2. ¿Qué enseña Pablo sobre el vínculo entre la restauración del creyente y la redención de toda la creación? ¿Por qué gime la creación?

3. ¿Qué significa vivir entre «el ya y el todavía no»? ¿Cómo describe Pablo esta tensión en la vida cristiana?

4. ¿Cómo nos anima Romanos 8 a perseverar en medio del sufrimiento sabiendo que Dios tiene un propósito eterno en todo lo que nos permite vivir?

PREGUNTAS DE APLICACIÓN PERSONAL

1. ¿Hay sufrimientos en tu vida actual que te han hecho perder de vista la gloria futura en Cristo? ¿Cómo puedes mirar tu dolor desde la perspectiva de Romanos 8?

2. ¿Estás aguardando con ansias la manifestación gloriosa de Cristo? ¿Qué evidencia hay en tu vida diaria de que tu esperanza está realmente puesta en ese día?

3. ¿Qué hábitos o actitudes podrían estar desviando tu vista de «las cosas que no se ven»? ¿Qué puedes hacer para enfocar mejor tu corazón en la eternidad?

4. ¿Anhelas la Palabra de Dios como un niño anhela la leche de su madre? ¿Qué cambios concretos puedes hacer esta semana para renovar tu esperanza alimentándote mejor de la Escritura?

NOTAS

Capítulo 1: DISEÑADAS A SU IMAGEN
1. Herman Bavinck, John Bolt y John Vriend, *Reformed Dogmatics: God and Creation, vol. 2* [Dogmática reformada: Dios y la creación] (Grand Rapids, MI: Baker Academic, 2004), pp. 530-531.

Capítulo 2: MUJER, DISEÑO DE DIOS
1. Elisabeth Elliot, *Let Me Be a Woman* [Déjame ser mujer] (Wheaton, IL: Tyndale House Publishers, 1976), p. 12. (Cita adaptada al español).
2. C. S. Lewis, *Reflexiones sobre los Salmos* (Nashville, TN: Grupo Nelson, 2023).

Capítulo 3: DEL HUERTO AL CAOS
1. Alastair Roberts, «Natural Complementarians: Men, Women, and the Way Things Are», *Alastair's Adversaria* (blog), 13 de septiembre de 2016, https://alastairadversaria.com/2016/09/13/natural-complementarians-men-women-and-the-way-things-are/.
2. Rebekah Merkle, *Eve in Exile: The Restoration of Femininity* [Eva en el exilio: Y la restauración de la feminidad] (Moscow, ID: Canon Press, 2016). (Cita adaptada al español).
3. *Ibid.*
4. Kate Millett, *Sexual Politics* [Política sexual] (Nueva York: Doubleday, 1970).
5. Andrea Dworkin, *Right-Wing Women* [Mujer de derecha] (Nueva York: Perigee Books, 1983). (Cita adaptada al español).
6. Robin Morgan, *Going Too Far: The Personal Chronicle of a Feminist* [Ir demasiado lejos: Crónica personal de una feminista] (Nueva York: Random House, 1977). (Cita adaptada al español).
7. Sarah Huff, entrevista en *Evie Magazine*, «Exclusive: Brazil's Ex-Feminist Icon Sara Huff On Escaping the Cult and Why Feminism Was a Lie», publicado el 18 de octubre de 2023. Disponible en: https://www.eviemagazine.com/post/exclusive-brazil-s-ex-feminist-icon-sara-huff-on-escaping-the-cult.
8. Elisabeth Elliot, *Let Me Be a Woman* [Déjame ser mujer] (Wheaton, IL: Tyndale House Publishers, 1976), p. 52. (Cita adaptada al español).
9. Rebekah Merkle, *Eve in Exile: The Restoration of Femininity* [Eva en el exilio: Y la restauración de la feminidad] (Moscow, ID: Canon Press, 2016), p. 184. (Cita adaptada al español).

Capítulo 4: LLANTO EN EL EDÉN
1. Centers for Disease Control and Prevention, "ACE Study: prevalence of Adverse Childhood Experiences", https://www.cdc.gov/mmwr/volumes/72/wr/mm7226a2.htm.

2. Dr. Tim Clinton y Dra. Diane Langberg, *Consejería bíblica, Tomo 4: Manual de consulta sobre mujeres* (Grand Rapids: Editorial Portavoz, 2016), p. 32.
3. *Ibid.*
4. *Ibid.*, pp. 204-210.
5. Bonnie Fisher, et all., «The Sexual Victimization of College Women» (U.S. Department of Justice, 2000), https://www.ojp.gov/pdffiles1/nij/182369.pdf
6. *Ibid.*, p. 211.

Capítulo 5: HERIDAS, PERO NO OLVIDADAS
1. Charles R. Swindoll, *Strengthening Your Grip: How to Live Confidently in an Insecure World* [Fortalece tu control: Cómo vivir en confianza en un mundo inseguro] (Grand Rapids, MI: Zondervan, 1982), p. 201.

Capítulo 6: CRISTO, IMAGEN PERFECTA
1. William D. Edwards, MD; Wesley J. Gabel, MDiv.; Floyd E. Hosmer, MS, AMI, *On the Physical Death of Jesus Christ* [Sobre la muerte física de Jesucristo] (JAMA 1986; 255:1455-1463).
2. John Calvin, *Commentary on the Psalms: Volume 4* [Comentario sobre los Salmos: Volumen 4] (Calvin Translation Society, 1849), p. 178.
3. Thomas R. Schreiner y Bruce A. Ware, eds., *Still Sovereign: Contemporary Perspectives on Election, Foreknowledge, and Grace* [Todavía soberano: Perspectivas contemporáneas sobre las elecciones, la presciencia y la gracia] (Baker Books, 1995), pp. 67-86.
4. Charles Spurgeon, *Una gloriosa predestinación: Sermón n.o 1043* (Londres, Tabernáculo Metropolitano, 24 de marzo de 1872).
5. Richard Baxter, Benjamin Fawcett. *The saints everlasting rest, o, A treatise of the blessed state of the saints in their enjoyment of God in heaven* [El descanso eterno de los santos, oh, un tratado sobre el estado bienaventurado de los santos en su disfrute de Dios en el cielo] (1853), p. 167.
6. Miguel Núñez, *Renueva tu mente* (Nashville, TN: Editorial Vida, 2020), p. 116.

Capítulo 7: SANTIFICADAS EN SU AMOR
1. William MacDonald, *Believer's Bible Commentary* [Comentario bíblico para creyentes] (Nashville: Thomas Nelson, 1989), p. 1268.

Capítulo 8: GLORIFICADAS A SU IMAGEN
1. Sinclair Ferguson, *Devoted to God: Blueprints for Sanctification* [Dedicado a Dios: Planos para la santificación] (Banner of Truth, 2017), pp. 230-231.
2. John Piper, *God, Why This Broken World like Ours?* [Dios, ¿por qué un mundo tan roto como el nuestro?] (Desiring God, 29 de abril de 2015: www.desiringgod.org/articles/god-why-this-broken-world-like-ours).
3. John R. W. Stott, *The Message of Romans: God's Good News for the World* [El mensaje de Romanos: Las buenas nuevas de Dios para el mundo] (IVP Academic, 2001).

Acerca de los autores

1. **JAVIER DOMÍNGUEZ**

   El Dr. Javier Domínguez es el pastor principal de la iglesia Gracia sobre Gracia en San Salvador, El Salvador. Es el fundador y presidente de la Fundación Véritas, una organización dedicada a promover la educación cristiana y teológica en El Salvador a niños, jóvenes y adultos a través de tres instituciones educativas. Está casado con Geraldina y tiene tres hijos.

2. **MIGUEL NÚÑEZ**

   El Dr. Miguel Núñez sirve como pastor titular de la Iglesia Bautista Internacional en Santo Domingo, República Dominicana. Es presidente y fundador de Ministerios Integridad & Sabiduría, vicepresidente de la Coalición por el Evangelio, profesor de Liderazgo Pastoral y director de estrategias para América Latina del Seminario Teológico Bautista del Sur. Es médico con especialidades en medicina interna y enfermedades infecciosas.

3. **SUGEL MICHELÉN**

   El Dr. Sugel Michelén es miembro del consejo de pastores de la Iglesia Bíblica del Señor Jesucristo en Santo Domingo, República Dominicana, donde ha ministrado por más de cuatro décadas. Es autor de varios libros, incluyendo *De parte de Dios y delante de Dios*, *La más extraordinaria historia jamás contada* y *Palabras al cansado*. Es profesor de Historia de la Reforma, Teología Histórica y Apologética en el Seminario Teológico Bautista del Sur, donde obtuvo su doctorado en ministerio. Junto a su esposa Gloria, tiene tres hijos y cinco nietos.

4. **GERALDINA DE DOMÍNGUEZ**

   Geraldina de Domínguez es directora del Ministerio de Mujeres de la Iglesia Gracia Sobre Gracia en San Salvador, El Salvador, y fundadora del Congreso Por Su Gracia, un evento enfocado en la edificación y el crecimiento espiritual de la mujer por medio de la proclamación, el consejo y la enseñanza fiel de la Palabra de Dios. Además, es cofundadora y directora estudiantil del Colegio Academia Cristiana Internacional y de un instituto teológico para niños. Es esposa del pastor Javier Domínguez.

5. **CATHERINE SCHERALDI DE NÚÑEZ**

   La Dra. Catherine Scheraldi de Núñez es esposa del pastor Miguel Núñez y doctora en medicina, con especialidad en endocrinología. Es profesora del Antiguo Testamento en el Certificado en Ministerio para Mujeres del Southwestern Baptist Theological Seminary y lidera el Ministerio de Mujeres EZER en la Iglesia Bautista Internacional. Además, conduce el programa *Mujer para la gloria de Dios* en Ministerios Integridad & Sabiduría.

¿HAS LEÍDO ALGO BRILLANTE Y QUIERES CONTÁRSELO AL MUNDO?

Ayuda a otros lectores a encontrar este libro:

- Publica una reseña en nuestra pagina de Facebook @**VidaEditorial**
- Publica una foto en tu cuenta de redes sociales y comparte por qué te agradó.
- Manda un mensaje a un amigo a quien también le gustaría, o mejor, regálale una copia.

¡Dejanos una reseña si te gusto el libro! Es una buena manera de ayudar a los autores y de mostrar su aprecio!

Visítanos en **EditorialVida.com** y síguenos en nuestras redes sociales.